教育部人文社会科学研究一般项目"语料库辅助的日本媒体'中国形象'报道的批评话语分析"（17YJA740046）资助

当代日本社会现象的
话语建构研究

Discursive Construction of Contemporary
Social Phenomena in Japan

孙成志　著

中国社会科学出版社

图书在版编目（CIP）数据

当代日本社会现象的话语建构研究／孙成志著. —北京：
中国社会科学出版社，2021.5

ISBN 978 - 7 - 5203 - 7996 - 0

Ⅰ.①当… Ⅱ.①孙… Ⅲ.①社会问题—研究—日本
Ⅳ.①D731.38

中国版本图书馆 CIP 数据核字（2021）第 051329 号

出 版 人	赵剑英
责任编辑	许　琳
责任校对	鲁　明
责任印制	郝美娜

出　　版	中国社会科学出版社
社　　址	北京鼓楼西大街甲 158 号
邮　　编	100720
网　　址	http://www.csspw.cn
发 行 部	010 - 84083685
门 市 部	010 - 84029450
经　　销	新华书店及其他书店

印刷装订	北京市十月印刷有限公司
版　　次	2021 年 5 月第 1 版
印　　次	2021 年 5 月第 1 次印刷

开　　本	710×1000　1/16
印　　张	12.25
字　　数	201 千字
定　　价	68.00 元

凡购买中国社会科学出版社图书，如有质量问题请与本社营销中心联系调换
电话：010 - 84083683

前　　言

本书聚焦日本平成时代（1989—2019 年）主流报纸媒体中的热点社会现象，自建"当代日本社会现象专题新闻语料库"，基于批评话语分析（Critical Discourse Analysis，CDA）的理论及其分析框架，探讨当代日本社会变迁与媒介话语建构模式之间的互动与共变关系。

"当代日本社会现象专题新闻语料库"的建构，旨在为当代日本社会现象的媒介话语建构研究提供更系统而翔实的语言证据，语料来自日本四大主流报纸媒体《每日新闻》《朝日新闻》《读卖新闻》和《日本经济新闻》的在线语料库，下设两个子库：一个是以"中国留学生"、赴日游客及"爆买"现象、"一带一路"倡议、亚洲基础设施投资银行（AIIB）等与中国息息相关的新闻语料建构的子库，命名为"日本主流媒体涉华报道专题新闻语料库"；另一个是以日本"捕鲸"问题、重启核电站、"#Metoo"运动、英国"脱欧"以及跨太平洋战略经济伙伴协定（TPP）等与平成时代日本政府内政外交政策息息相关的新闻语料建构的子库，命名为"日本主流媒体时事专题新闻语料库"。

本书聚焦平成时代日本社会变迁与新闻话语之间的互动关系，借助文本与话语层面的分析，揭示日本主流媒体如何借助新闻话语建构"中国形象"、以及如何反映和建构日本政府的对内和对外政策。主要探讨和解决如下三个问题：

（1）日本主流报纸媒体构建了怎样的"中国形象"。

（2）日本主流报纸媒体如何表征和应对国内社会问题和国际纷争，实现其主张的合法化。

（3）当代日本社会变迁与新闻话语之间存在怎样的互动与共变关系。

以报纸为代表的媒介话语是一个国家的日记，既承载一个国家或一个社会发展变迁中的细微变化，也记录着社会结构的调整、社会力量的起伏。某个特定时期里媒介话语的报道风格、内容以及价值取向，也是一个国家或一个社会变革轨迹的一种映射。而以新闻报道为代表的主流媒介话语的功能在于，它一方面可以真实地展示出一个国家或一个民族社会变迁的足迹、民众关注点的变化，另一方面主流媒介话语经过媒体的议程设置（Agenda-setting），更能够鲜明地反映社会主流价值观以及意识形态的走向，是影响民众认知最重要的话语形式。

批评话语分析视域下，"话语"（discourse）在生产和维持社会秩序中起着核心作用，语言和话语不再被认为是中立、客观、孤立的系统，而是被看作与阶级、性别、种族等社会因素不可分割的社会产物，是一种可以介入社会的力量。话语的意义不再是一成不变的，而被认为是由掌握媒体等公共机构和主流意识形态控制权的精英阶层来操纵的，在表征过程中也存在可竞争性。话语作为一种社会实践，与社会结构之间的关系是辩证的，即话语被社会结构决定，亦对社会结构具有反作用，能够使社会维持现状或发生改变。话语研究的意义在于与语言中隐含运作的精英特权对抗，最终可以部分解决社会的不公。

本书得以出版，受益于教育部人文社会科学研究一般项目"语料库辅助的日本媒体'中国形象'报道的批评话语分析"（17YJA740046）以及大连理工大学国际教育学院科研培育基金（重点）项目"语料库辅助下汉语国际教育的跨文化传播研究"（SIE20RZD15）的资助。感谢天津外国语大学修刚教授、南京师范大学辛斌教师欣然接受为本书撰写了封底推荐语。书籍的撰写过程中，得到了中国社会科学出版社许琳女士、大阪大学真嶋润子教授、古川裕教授、南京师范大学张辉教授、大连外国语大学邓耀臣教授、刘凤光教授、以及我所在单位大连理工大学外国语学院杜凤刚教授、刘文宇教授等诸位师友的支持和帮助，在此谨致谢忱！

孙成志

2021 年 4 月

目　　录

第一章　绪论

一　研究缘起

语言使用与社会的共变研究一直是社会语言学关注的焦点，然而既有研究中并没有现成的、可操作性强的系统研究框架。近年来，在研究实践层面，研究人员越来越倾向于应用系统功能语言学、语用学、认知语言学的理论及分析框架对社会语言现象加以研究，尤其是结合批评话语分析（Critical Discourse Analysis，CDA）的研究框架，揭示语言与社会的互动关系。这些探索性研究不仅关注现实生活中的语言现象，而且注重在语言研究的理论层面上寻求突破。这些尝试有助于人们进一步认识语言与社会生活的内在联系、了解语言的变化与人们社会观念转变的密切关系、洞察语言如何表征乃至影响人们的社会关系，为社会学研究提供语言层面的帮助。

社会现象发生变化的动态过程及其结果，亦称社会变迁，是社会的发展、进步、停滞、倒退等一切现象和过程的总和（高金萍，2017：1）。社会现象形成与变迁是多种因素相互作用并彼此制约的结果。社会学者普遍认为，政治与经济、科学技术、意识形态冲突、全球化和媒体传播，是促动社会现象形成与变迁的主要动力。其中，传统报纸、电视、网络媒体及自媒体等媒介话语（media discourse），是记录人类社会实践和社会互动的重要载体，势必折射社会现象的产生、发展及变化过程，是话语研究的一个重要对象（Bell & Garrett, 1998：4）。从媒介话语的变化中寻找社会变迁的脉络，是一种从细节入手考察社会变迁的角度。媒介话语的产生、使用和消退往往需要一个比较长的过程，某种话语的出现往往体现着某种新的行为、思想和价值在人们社会实践中的应用。它的消失或淡化，同样是社会过程、社会结构中某种行为和价值理念的消长过程。如今的报纸、自媒体等大众媒介是知识、信息、新闻、信仰、价值观和态度的主要传播者，而且政治过程和政治合法化也很大程度上是通过上述媒介实现的（Fairclough, 2006）。

社会变迁的本性是"话语的"，分析（社会）机构和组织的权力意味着要去理解和分析它们的话语实践（Fairclough, 2006：50）。语言系统作为一个丰富意义源泉或意义潜势体系普遍存在于一切语言中，但具体的语言在其话语建构中对意义的具体实现受制于具体的社会文化语境，并随其所依存的社会文化的变迁而发生变化。不同语言和语言不同历时阶段的话语建构模式必然形成其特定的社会文化特征。在语言与社会的共变过程中，（媒介）话语模式的建构根据社会文化发展需要，对词汇和语言结构进行选择（包括对语篇结构和语法规则做出选择）。在此过程中建立起特定的人际功能、概念功能和语篇功能，不同语言的话语模式选择及意义的实现形式也随之产生差异，某一语言不同历史时期的话语建构模式也必定有各自鲜明的时代特征。

随着明仁天皇的退位，日本持续 30 年的"平成时代"（1989—2019）落下帷幕，新年号为"令和"（2019 年为令和元年）。在战后日本，年号仅仅是划分一个时期的符号，天皇的退位以及年号的更迭不会给日本社会及民众生活带来实质性的改变，然而"平成"的落幕为我们回顾和总结 20 世纪 90 年代以来的日本提供了一个契机。在

"平成"这30年的时间里，国际格局变迁、世界金融危机、中国经济迅猛发展、东亚地区现代化进程加速等外部因素构成了平成日本社会的外部环境。与此同时，"泡沫经济"崩溃后日本经济的长期不景气、少子老龄化的日益严峻、贫富差距的不断拉大、"3·11"东日本大地震及由此引发的福岛核事故的长期化、"低欲望社会"的出现等让平成日本社会困境与危机叠加，"平成"具备了一个特定的时代烙印。在此大背景下，平成时期的日本社会在很多方面也发生了巨大变化，主流报纸媒体如何表征这些社会现象，值得我们关注和研究。

二　研究目的

本书聚焦日本平成时代（1989—2019）主流报纸媒体中的热点社会现象，建立"当代日本社会现象专题新闻语料库"，基于批评话语分析（CDA）的理论及其分析框架，探讨当代日本社会变迁与媒介话语建构模式之间的互动与共变关系。

本书基于社会建构主义（social constructivism）的立场，认同社会生活的社会建构特征，强调社会现实的社会建构特征以及话语在社会建构中的重要性。正是社会实践（social practice）中语言运用和其他相关的社会因素之间动态变化的相互作用构成了社会实践发展的不竭动力，致使社会结构引发具体的社会活动，促进社会变化与发展（Fairclough，2006）。社会实践的一个成分是语篇，本书从话语层面来理解和解释社会现实，重点讨论日本主流媒体如何借助新闻话语建构"中国形象"，以及如何表征和应对日本的国内和国际纷争，实现其主张的合法化并推动或影响政策的实施。我们将日本"置于"全球性的关联中去研究把握，重点关注日本主流报纸媒体如何表征作为"我者"的日本与作为"他者"的中国与世界。结合研究课题（详见本章第三节）选取的代表性新闻语篇及社会事件主要包括三类：

（1）日本主流报纸媒体如何建构"中国形象"，以"中国留学

生"集体身份的话语建构方式、赴日游客及"爆买"现象等为例;

（2）日本主流报纸媒体如何"再现"（representations）日本社会所面临的各类危机，以反性骚扰"#Metoo"运动、日本重启核电站为例;

（3）日本主流报纸媒体如何表征和应对国内外纷争，实现其主张的合法化，以日本"捕鲸问题"及英国"脱欧"为例。

三　研究设计

媒介话语研究具有语言符号学（linguistic semiotics）和文化符号学（cultural semiotics）两个理论向度。前者属于微观层面，涉及各类新闻话语的文本结构、言语行为、会话含义和话语修辞策略等方面的内容分析，后者属于宏观层面，涉及对新闻话语的社会认知、意识形态、社会权利功能以及文本"深层结构"的探讨（丁和根，2004：37）。媒介话语的研究不仅关注作为媒介的语言文本自身，还能帮助我们从广阔的社会情境中理解语言、媒介和社会三者之间的复杂关系。新闻话语所建构的某一群体或事件的媒介形象，反映了一群人的信仰、知识、标准、价值、态度、情感等，是社会认知的媒介再现（Koller，2012）。如何从表层的语言文本分析切入到更深层次的社会与政治文化的深度解释？本书在自建专题新闻语料库的基础上，将批判性话语分析这一跨学科的研究视角，视为本书的一个可以共享的、包含多种进路的基本框架。

（一）当代日本社会现象专题新闻语料库

本书聚焦平成时代（1989—2019）日本主流报纸媒体中的新闻话语，并将新闻话语与其他社会要素之间的互动视为一种辩证关系，主张将新闻文本分析与关于日本的社会分析整合起来。新闻话语分析是研究某一文化或社会体制下传媒实体所生产成品的社会符号意义，这不仅包括对话语的话题、对象、论点等内容上的讨论，还包括对各种新闻语体在词汇、句式、叙事结构、体裁等形式上的分析以及对诸如媒体业界的行业惯例、立场确定（positioning）和框架设立（framing）等涉及意识形态的各个方面的批评（乐明，2006：153）。

新闻话语是批判性话语分析的一个特殊对象，作为一种公共话语形式，它显然在话语承载方面扮演了关键的角色（Bell & Garrett，1998；Fairclough，2006）。本书将媒介研究与话语研究结合起来，集中讨论媒体中最重要的一种话语形式：报纸上的新闻，在此称之为"新闻话语"（news discourse）。

近年来，新闻话语研究与语料库语言学的结合从最初的相互借鉴走向了更深层次的"联合"。语料库辅助的话语研究（Corpus-assisted Discourse Studies）代表了两个学科交叉融合的新趋势和新思路，定量和定性的分析方法在整个话语分析过程中相辅相成，互为补充。语言库语言学的研究范式与话语研究的融合，能够有效弥补基于少量文本的定性话语研究的不足，借助语料库分析工具对话语文本中的词汇、词丛、语义色彩等进行定量分析，可以保证分析过程的准确性和可重复性，借助"三角验证"的方式，可更有效地避免对特定语言现象的"过度诠释"或"诠释不足"（Baker & McEnery，2015）。语料库辅助话语研究的一个基本特征是，分析者总是不断地在语料库分析软件定量分析的结果和基于文本语境（contextualized）的定性分析之间不断切换，探寻定量和定性分析相结合的理想路径（刘明、常晨光，2018：94）。随着文本挖掘技术的不断发展，词云、语义网络等可视化手段可以更加直观地呈现话语结构。

现阶段语料库辅助的话语研究主要以大规模媒体话语和政治话语研究为主，其理论原则与分析方法应用于社会科学与人文科学的不同领域，包括教育公平、法律法规、生态文明、移民与种族歧视、气候变化、全球化等反映社会不公的方方面面均有所涉及。语料库最重要的分析工具是主题词、索引行、词丛、索引、搭配等（McEnery &

Hardie，2011；Baker & McEnery，2015；许家金，2018）。通过剖析文本，揭示文本中隐含的意识形态和权力关系以及语言对社会过程的介入作用，解构和揭露各种媒体、政治领袖、当权者话语中所体现的诸如种族歧视、性别歧视以及对弱势群体的偏见等等，其终极目标是解构现有社会制度，实现权力平等（Fairclough，1995a；Wodak & Meyer，2001；刘文宇、胡颖，2020）。

为了给当代日本社会现象的媒介话语建构研究提供更系统而翔实的语言证据，本书聚焦平成时代（1989—2019）的日本主流报纸媒体，从日本四大主流报纸媒体《读卖新闻》《朝日新闻》《每日新闻》《日本经济新闻》[1]的在线语料库中收集相关语料，自建"当代日本社会现象专题新闻语料库"。语料库下设两个子库：一个是以"中国留学生"、赴日游客及"爆买"现象、"一带一路"倡议等与中国息息相关的新闻语料建构的子库，命名为"日本主流媒体涉华报道专题新闻语料库"；另一个是以日本"捕鲸"问题、重启核电站、反性骚扰"#Metoo"运动、英国"脱欧"以及跨太平洋战略经济伙伴协定（TPP）等与平成时代日本政府内政外交政策息息相关的新闻语料建构的子库，命名为"日本主流媒体时事专题新闻语料库"。

聚焦日本主流媒体中有关中国以及日本政府的内政外交政策的新闻事件，主要基于以下两点：

第一，《中日共同舆论调查》（2005—2020）显示，日本民众获取有关中国的信息渠道十分单一，电视、报纸等"传统媒体"始终占9成以上。由此可见，日本传统报纸媒体针对中国的报道方式，在促成日本国民对华意识形态偏见的过程中，发挥了"不亚于学校教科书的威力"（卓南生，2008：55）。研究和探讨日本媒体如何报道中国人和涉华新闻事件，如何塑造"中国形象"，对于引导日本民众看待中国和中日关系，具有很强的现实意义。与此同时，理清"国家形象"是如何被"错位"建构及其背后的社会及媒介因素，可以为"一带一路"倡议下讲好中国故事，传播好中国声音，向世界展现一个真实、立体、全面的中国提供语言层面的启示。

第二，站在"二战"后日本近现代史的视域下，"平成"是日本作为一个国家和现代化社会，从战后体系脱离出来并逐步成为亚洲强国的转型期。国际格局变迁、世界金融危机、东亚地区现代化进程迅猛发展等外部因素构成了平成时代日本社会的外部环境。与此同时，"泡沫经济"崩溃后日本经济的长期不景气、少子老龄化的日益严峻、贫富差距的不断拉大、"低欲望社会"的出现等让平成日本社会困境与危机叠加，令日本民众心里产生不安与失落。这种社会结构和民众心态的变化又势必会反作用于日本主流媒体的话语结构。

作为公共舆论的代言人，《读卖新闻》《朝日新闻》《每日新闻》和《日本经济新闻》是日本发行量最大的四大报纸，与日本的政治机器密不可分，是日本民众获取外界信息的主要渠道，更是引导社会舆论的重要力量，报纸媒体在社会舆论影响力方面一定程度上更能代表日本精英阶层和主流话语权阶层的观点和态度。

语料的时间跨度根据新闻事件的不同而有所差异，从上述四个新闻语料库中共收集 210 万字的新闻语料。需要说明的是，根据研究的实际需要，我们从及物性（transitivity）、词汇分类（classification）、转换（transformation，主要包括名词化和被动化）、时态（tense）、情态（modality）、语态（voice）、连贯性（coherence）等角度对部分新闻语篇的文本特征进行了标记。但是，为避免在附码过程中主观因素的介入，在对语言进行观察时脱离现有理论的束缚，在语料库建设阶段，除了对语料出处、语篇类型、发表时间、刊发版面、作者身份、文章标题等语境元信息进行了必要的标注之外，各个新闻语篇的主体内容都是未经任何附码的生文本（raw texts）。

（二）研究问题

本书聚焦日本平成时代（1989—2019）主流报纸媒体中的热点社会现象，自建"当代日本社会现象专题新闻语料库"，将批评话语研究的理论及其分析框架应用于反映日本社会变迁的各类日语新闻语篇中，探讨当代日本社会变迁与媒介话语建构模式之间的互动与共变关系。

研究问题主要包括以下三个方面：

（1）日本新闻媒体构建了怎样的"中国形象"。

近年来，日本民众对华好感度持续恶化（日本言论 NPO，2019）。究其原因，掌握绝对话语权的日本报纸媒体"不真实、不客观的"有关中国报道，在促进国民"划一性"意识形成以及对华意识形态偏见的过程中，发挥了不可忽视的作用。本书选取"中国留学生"群体以及"爆买"现象为案例，分析日本新闻媒体如何围绕"中国形象"进行话语建构，以及新闻话语背后所隐藏的意识形态意义和社会实践因素。

（2）日本新闻媒体如何表征和应对国内社会冲突与国际纷争，实现其主张的合法化。

日本社会在平成 30 年间，尤其自 2011 年"3·11"东日本大地震后进入了深刻的社会变革期。面对国内矛盾和国际纷争，日本主流报纸媒体的新闻话语怎样"再现"社会冲突？媒体在对社会冲突议题的报道中进行了怎样的话语实践？日本国内，本书选取了反性骚扰"#Metoo"运动、日本重启核电站的新闻事件；国际上，选取了日本"捕鲸问题"及英国"脱欧"等案例，从集体身份建构、社会行动者表征、话语策略、话语空间与指称空间建构、转述话语的跨语言比较等视角，探讨新闻话语如何表征日本政府的意识形态权力。上述案例的探讨有助于我们深入了解日本处理国内社会冲突及国际纷争的话语实践方式。

（3）当代日本社会变迁与新闻话语之间存在怎样的互动与共变关系。

目前，日语语言学界对于语言使用与社会变迁的共变研究没有现成的、可操作性强的系统研究框架。本书的基本思路是，以日本平成时代的代表性社会事件为驱动，将批评话语分析的研究框架和方法应用于日语新闻话语分析。批评话语研究的方法呈现多样性和跨学科性，尤其是语言学和社会学等理论展开对话的有效平台。本书案例分析中所涉及的研究方法主要包括"辩证—关系"方法、"话语—历史"分析法、"社会—认知"分析法、社会行为者分析法以及批评认知语言学方法。实际案例分析时，还使用了语料库语言学的词语切分、标注、检索和关键词技术等定性与定量方法，力图建立适应于日语新闻话语的分析模式，以此探索日本社会变迁与新闻话语建构之间的互动关系。

（三）语料库分析工具

国内现行语料库检索与分析工具，如 AntConc、wordsmith、HyConc、Sketch Engine 等，对日语助词、助动词等语法功能词、复合词、补助动词的识别能力有限。适用于针对日语新闻语料进行聚类分析、多维尺度分析以及数据可视化的语料库分析工具主要包括：KH Coder（http：//khcoder. net/）、Multi Lingual Text Processor（http：// textdata. web. fc2. com/）等。

本书主要采用的语料库分析工具是日文非结构化文本数据挖掘（Text Mining）软件 KH Coder，由日本学者樋口耕一（2014）开发。KH Coder 是一个定量内容分析和日文数据挖掘的开源软件，提供搜索和使用 ChaSen、MySQL 等作为后端，打破用户选用软件时的经费障碍，且具备强大的文本数据挖掘功能，在日本的社会学、教育学、语言学等多个研究领域得到了广泛应用（樋口耕一，2017：335）。该软件具备词频统计、词性分析、上下文关键词、关键词检索、相似度计算、自动分类、自动聚类、摘要生产和可视化（如柱状图、折线图、网状图、散点图、气泡图、聚类分析树状图）功能（程慧荣等，2015：115）。经多次版本更新后，到2020年10月为止，该软件可以支持日语、汉语、英语、法语、德语、西班牙语、葡萄牙语、意大利语和俄语等多国语言的文本数据挖掘，基本涵盖了较为通用的语种[2]。

基于KH Coder的文本数据挖掘不同于假设验证型（即先假设后验证）的研究，而是通过分析具体的文本信息来寻找隐藏其中的问题和假设。此类研究一般可分为两个阶段：第一阶段是对已收集信息进行词频统计、关键词检索、聚类分析等对文本的语言和结构特征进行初步的描述，寻找隐藏于文本之后的问题与假设；第二阶段是根据具体研究目的和内容，制定详细的附码规则，进一步提取文本中的概念和具体特征（樋口耕一，2014）。根据笔者的使用经验，具体使用流程可概括为以下几步：（1）收集整理文本信息，支持系统语言下的Text格式的电子文本信息；（2）将文本导入软件并进行文本的词语取舍选择与前处理，以确保抽取数据的准确性；（3）通过抽出语一览表功能，概览文本中的高频词汇；（4）再通过软件中的关键词检索功能，观察高频关键词所在的上下文信息；（5）最后通过软件生成高频关键词共现网络图等，分析其中主要要素之间的关系。

四　章节安排

本书共由九章构成。

第一章为绪论，介绍本研究的缘起、目的、意义、研究框架以及本书的章节构成。

第二章为文献综述，围绕本书的研究对象"平成时代的日本社会"以及研究框架"批评话语分析"展开。首先，立足于社会变迁（包括社会关系的变迁）与新闻话语的辩证关系，讨论日本新闻媒体眼中的"我者"与"他者"。在新闻文本与社会实践的互动过程中，社会语境影响语言和文本选择，而语言和文本在选择体现意义的同时又构建了社会语境。其次，在批评话语研究的视角下审视以新闻语篇为素材的话语研究，主要包括两个部分：一是批评话语分析的语言观、目标和方法及其受到的质疑；二是源于西方的批评话语分析的理论基础与研究范式，应该如何融合以中国、日本等代表的东北亚社会文化语境。

第三章至第八章为本书的主体部分。

第三章讨论日本主流报纸媒体中"中国留学生"集体身份的话语建构问题。以包含中心节点词"中国留学生"的小句为分析对象，将语料库辅助的话语研究与社会行动者系统、及物性过程分析相结合，从语义和句法层面探析日本主流报纸媒体对"中国留学生"集体身份的话语建构方式。聚焦话语实践的语言表征，具体包括以下三个研究问题：（1）话语生产者借助新闻话语，建构了怎样的"中国留学生"集体身份；（2）语义层面，"中国留学生"这一社会行动者主体（agent）在不同群体身份中是如何被指称的；（3）句法层面，话语生产者是如何通过及物性系统再现社会行动者的行为（action），影响"中国留学生"各类集体身份建构的。

第四章讨论日本主流报纸媒体中的中国赴日游客及由其引发的"爆买"现象。以日本主流报纸媒体中有关"爆买"现象的新闻语料为数据，结合 Fairclough（1995）"文本—话语实践—社会实践"三维分析框架，从新闻标题、中心词搭配、索引行、语义生成及扩展等角度，揭示日本报纸媒体对"爆买"现象的话语构建方式。其中，文本维度，划分"爆买"现象的不同发展阶段，考察中心节点词"爆買い"（爆买）的搭配词、索引行、高频词搭配网络等；话语实践维度，分析"爆買い"这一新词的语义产生、发展过程，阐释文本与话语之间的互动关系；社会实践维度，通过讨论"爆买"现象的形成及渐变原因，揭示"爆买"现象话语建构背后所隐藏的社会实践因素，阐释话语过程和社会过程的关系。

第五章从历时的视角讨论日本"捕鲸问题"的合法化过程。2018 年 12 月日本政府以"退群"的方式结束了与国际捕鲸委员会围绕"调查捕鲸活动"的纷争，并时隔 30 年重启了"商业捕鲸"。本章将 Wodak & Meyer（2001）的"话语—历史"分析法与 van Leeuwen（1995）的"合法化理论"相融合，从历时的视角分析日本政府颁布的三份官方文件，解析日本政府将"捕鲸问题"合法化的过程。主要研究课题包括三个："退群"前后，三份官方文本在论证主题（互文）上发生了怎样的变化；日本政府是如何借助话语来调节与国际捕鲸委员会的互动关系的；历时视角下，话语生产者是借助怎样的话语策略来实现其"重启捕鲸"合法化目的的。

第六章以"#MeToo"运动为例讨论日本的反性骚扰新闻话语。以批评话语分析的"话语—认知—社会三角"理论为视角，将 van Leeuwen（2008）社会行动者系统的可操作性与 Chilton（2004）话语空间模型的可视化特征相结合，提出了反性骚扰新闻话语的研究框架，并以日本"#MeToo"运动为例，从（反）性骚扰新闻事件中"受害者"和"加害者"的表征策略、认知机制两个方面探究了日本（反）性骚扰事件区别于欧美等国家的特点，并挖掘了其背后的社会结构成因。

第七章以日本重启核电站新闻话语为例讨论日本的能源政策话语。具体而言，结合认知语言学的指称空间理论（Chilton，2010），从空间、时间、价值三个维度探析"零核电"与"重启核电"社论中话语生产者对"中央政府"、"核电企业"以及"地方民众"三类社会实践主体的话语策略使用差异及其背后的认知机制。研究发现：《读卖新闻》与《朝日新闻》两大报纸在"是"与"否"的冲突语境下，借助空间维度的指称策略和价值维度的情态系统，调节着三类社会实践主体与指称中心的距离，以此表达对日本政府能源政策调整的立场与态度，并实现说服读者的目的。

第八章以英国"脱欧"事件为例比较分析汉日新闻语篇中"转述话语"的使用差异及其语用特征。主要从"消息来源"、"转述动词"及"引语"三个角度对比分析以英国"脱欧"为例的汉日新闻语篇中"转述话语"的使用差异，并尝试基于日语中的"视点理论"分析差异产生的原因。话语生产者是如何借助"转述话语"的取舍与选择塑造不同的人物形象，间接表达对该新闻事件的立场态势，并达到影响读者心理的。

第九章为结论。对本研究的发现、贡献、局限性进行总结，并尝试对未来基于事件的新闻话语研究的内容和方法予以展望。

[注释]

[1] 日本四大主流报纸媒体在线新闻语料库：

《每日新闻》（每索）http：//db. g-search. or. jp/ad/mainichi/

《朝日新闻》（聞蔵Ⅱビジュアル）https：//database. asahi. com/

《读卖新闻》（ヨミダス歴史館）https：//database. yomiuri. co. jp/

《日本经济新闻》（日経テレコン）https：//t21. nikkei. co. jp/g3/CMN0F11. do

[2] 语料库分析工具的具体功能等可参照 KH Coder 软件官方主页 http：//kh-coder. net/。

第二章 社会现象的媒介话语建构
——基于批评话语分析视角

  社会变革包括社会活动特征的改变、社会实践和社会实践网络的改变；这些变革同时带来文本特征方面的变化、话语秩序以及语言方面的变化（Fairclough，2006）。当一个特定的社会实体（如一个特定的民族国家）被卷入到一个特定的社会事件中的时候，我们会看到其机构和组织发生改变，即其社会实践发生变化、其彼此联系发生变化、话语秩序发生变化以及话语、语体和文体发生变化，会出现新的机构、实践以及话语等等。以话语为例，尽管都有出处，新话语仍层出不穷；当人们在与世界的具体接触过程中经历这些话语时，这些新话语会"转化"并选择性地"压缩"社会过程的其他时刻。这些也都是"通过语言来抓住现实"的诸多努力（Sayer，2000）。

  社会现象的媒介话语分析由两个重要的部分组成：文本部分和语境部分。文本部分是对语言运用单位进行清晰的、系统的描写，厘清新闻话语的各种不同层次的结构。语境部分则是分析这些文本结构产生的认知过程和社会因素、条件、局限性或影响，从而间接地分析了它们的经济、文化和历史根源（van Dijk，1988）。社会结构是媒介话语实践借以存在的基础，它的"制约性"体现为媒介话语追求真实、客观，追求"镜面"式地再现社会实践。意义生产是社会结构不断地被生产和再生产的结果，在这个过程中，社会结构（基本规则和秩序）就是话语生产的条件，正是通过结构化的过程，社会实践的宏大结构才在人们的日常生活中得以建构（Foucault，1984）。因此，以新闻为代表的媒介话语，被认为是一种具有社会性、机构性的特定形式的实践活动。

社会变迁（包括社会关系的变迁）不仅体现于词汇和语法层面，而且在某种程度上体现于篇章层面，即体现于体裁结构的变异之中。本书将"媒介话语中的日本社会现象"作为研究对象，通过批评话语分析（Critical Discourse Analysis，CDA）这一跨学科视角的方法进行研究。批评话语分析为语言和语篇研究提供了一个新的视角和方法，它不仅把话语视为现实的反映或表征，也将其视为社会实践的重要组成部分，主张从语言/语篇或符号学的角度来理解和解释社会现实。批评话语分析本身已经发展成由不同学科的理论观点、范畴和方法构成的综合体，包括语言学、社会学、政治学、哲学等学科（Fairclough & Wodak，1997；Chouliaraki & Fairclough，1999）。因此，任何一个基于语言研究的批评话语分析研究方法实际上已经趋向社会科学中的某些理论立场、关注点和分析方法。

本章首先立足于社会变迁与新闻话语的辩证关系，聚焦"平成时代的日本社会"，讨论日本新闻媒体眼中的"我者"与"他者"。其次，将社会问题的建构活动视为动态的过程，从批评话语分析视角分析特定社会现象的媒介话语建构过程，探析话语实践背后的社会实践。

一　平成时代的日本社会变迁与媒介话语

为何要以语言为重点来讨论社会？社会建构主义的立场认为，社会（问题）的建构活动是一种修辞（rhetoric），即选用恰当语汇去名状（claim-making）某种特殊社会环境的过程（苏国勋，2002：10）。

媒介话语作为社会变迁和文化变迁的现实载体,既是社会实践的反映者,也是社会实践的建构者(高金萍,2017:49)。在整本书中,我们将报纸上的新闻作为一种特定的媒介话语形式进行讨论,把"报纸"理解为在一定程度上跨越沟通的距离进而与"远距离他者"进行的交流。以报纸为代表的媒介,对包括平成时代的日本社会事件在内的客观现实的选择性传达和传播方式,会对受众在认识客观现实的过程中产生影响,甚至形成操控力。

(一)"平成日本学"

平成时代自 1989 年 1 月 8 日正式起步,于 2019 年 4 月 30 日落幕。相对于近代以来明治时代(1868—1912)、大正时代(1912—1926)和昭和时代(1926—1989)的跌宕起伏、风云变幻而言,平成时代的日本则相对"平稳"。《日本经济新闻》将平成时代定义为"未完成的成熟国家",而日本发行量最大的《读卖新闻》则将平成时代视为昭和时代"创业"经济大国之后的艰难"守成"时期。

国际格局变迁、世界金融危机、中国经济迅猛发展、东亚地区现代化进程加速等因素构成了平成日本社会的外部环境。与此同时,日本社会虽整体运行平稳,但也面临"泡沫经济"崩溃后日本经济的长期不景气、少子老龄化的日益严峻、贫富差距的不断拉大、民众心理不安感增强以及"低欲望社会"、"地方不振"等诸多困难与挑战,令日本民众心理产生不安与失落(胡澎,2019)。针对平成时代呈现出的荣光褪色、繁华不再的种种迹象,日本媒体屡屡使用"失去的10 年"、"失去的 20 年"甚至"失去的 30 年"之说。

作为硬币的另一面,平成时代又是"变革创新的 30 年",以科学技术创新为轴,实现了摆脱战后体制限制,实现经济大国、技术大国、产业大国的目标。国家战略层面,推行了所谓"基于国际协调的积极和平主义",出台新安保法案、创立日本版 NSC——国家安全保障会议等等,与美国的同盟关系也得到了进一步强化。经济层面,尽管日本国内生产总值（GDP）长期徘徊不前，但由于日本企业不断深耕全球市场的显著效果，其全球化经营水平却不断深化。如今，"日本制造"不仅已有四分之一布局在日本境外，还获得了全球价值链（Global Value Chain，GVC）的上位优势，紧随其后的"日本服务"也在迅速向全球拓展。在"全球创新企业100强"中，2020年入围的日本企业多达37家，证实日资企业仍牢牢掌控着极强的技术创新竞争力。平成时代，日本在科学技术方面取得显著成就的重要标志之一就是诺贝尔奖得主的人数。截至2019年底，日本诺贝尔奖获得者已达到27人（仅限日本国籍），其中，有20人是在平成时代获此殊荣。

本书十分认同刘晓峰（2015）在《"平成日本学"论》一文中提出的"平成日本学"这一概念，他呼吁把平成时代（1989—2019）的日本作为一个相对独立的研究对象，利用人文科学和社会科学的研究方法，在这一新的学术视点上展开研究。而平成时代日本社会的发展变化，是"平成日本学"研究的最基本问题之一。胡澎（2019）也认同这一历史分期的划分方式，主张基于二战后日本的历史发展脉络，分析平成时代日本社会的转型、困境和应对策略。

新闻话语是了解社会变迁的最有效途径之一。然而，毋庸置疑，记录和承载这些社会实践的"话语"在任何意义上都不是客观中立的，它们是被"媒介化"（mediatized）了的文本。

（二）日本新闻媒介中的"我者"与"他者"

解析平成时代的日本社会，应将其置于二战后日本的历史发展脉络之中。二战后的日本经历了两次重大转型：第一次是战后政治、经济体制改革，使日本从一片废墟跻身于西方发达国家行列，堪称由"弱"变"强"的华丽转身；1989年开启的平成时代，则堪称另一次重大转型，使日本从"增长型社会"转向"成熟型社会"，即基本告别了"大量生产、大量消费、大量废弃"的生产生活方式，发展为"适量生产、适量消费、资源循环型"社会（胡澎，2019：2）。

平成时代，日本的国内外环境发生了巨大的变革。日本国内环境，平成时代的日本至少经历了三重打击——泡沫经济的崩溃、少子老龄化与不婚不育现象的加剧、"3·11"东日本大地震及由此引发的福岛核事故（张玉来，2019）。外部国际环境，一是在冷战结束后，美国成为世界上唯一的超级大国，"一强独霸"的局面以及日美同盟关系的变革不仅对国际格局构成了影响，也深刻影响着日本社会。二是2010年，中日经济实力逆转，日本作为世界第二大经济体的位置被中国所取代，给日本社会和日本民众心理造成了一定的冲击。这些改变对日本的社会结构、社会机制、社会制度也产生了潜移默化的影响。

如上一章所述，本书将日本置于全球性的关联中去研究把握，重点关注日本主流报纸媒体如何表征作为"我者"的日本与作为"他者"的中国与世界。其中，聚焦平成时代日本主流报纸媒体中的"中国形象"话语，主要是基于以下两个原因。

首先，近二十年来日本民众对华好感度不甚理想。《第15次中日联合舆论调查（2019年）》显示[1]，对中国"印象（相对）不好"的日本受访者比例虽有所改善，但仍高达84.7%。由此可见，中国的现实形象与日本社会的认知形象，即"我形象"与"他形象"间的反差越发凸显。究其原因，日本媒体"不真实、不客观的"涉华报道，很大程度上造成了日本民众的对华意识形态偏见。

其次，日本民众获取有关中国的信息源十分有限。近年来，虽然以赴日游客、留学生、在日华人华侨等为代表的群体不断融入日本社会，但日本民众获取有关中国的信息源仍以电视、报纸等传统媒体为主。中日两国的传统媒体作为公共舆论形成的渠道和载体，作为相互国家形象的构建者，很大程度上影响或决定着各自国民对对方国家形象的认知，从而也在一定程度上影响着两国之间的关系（张玉，2012：4）。

现阶段，日本媒体涉华报道研究多集中于新闻与传播学、跨文化学视角下的"国家形象"分析。其中，海外最具代表性的论著是新加坡学者卓南生著的《日本のアジア報道とアジア論》（日本的亚洲报道和亚洲论，2008）和九州大学学者大野俊主编的《メディア文化と相互イメージの形成》（媒体文化与彼此印象的形成，2010）。两者均强调：在报道题材、形式、信息源、评论态度、新闻价值的判断、版面策划等方面，日本媒体的涉华报道均呈现出极强的"同质化现象"，这极大地影响了日本国民对华意识和情感的形成过程。

国内涉华报道与"中国形象"研究起步于20世纪90年代后期，历经三个阶段：

第一阶段：以案例分析为主的研究探索阶段（90年代后期至21世纪初）：探讨西方媒体如何"妖魔化中国"（李希光，1996）是当时的研究热点；

第二阶段：西方媒体如何构建"中国形象"研究阶段（21世纪前10年）：日本媒体上的"中国形象"研究硕果颇丰，代表著作包括《日本媒体上的中国：报道框架与国家形象》（张宁，2006）、《日本大众媒体中的中国形象》（刘林利，2007）、《日本报纸中的中国形象》（张玉，2012）、《日本的中国形象》（吴光辉，2013）等。研究普遍认为，日本媒体涉华报道长期处于"一种负面或消极的定势"，呈现出"模式化、同质化"特征，构建了一个不真实的"中国形象"；

第三阶段：基于大数据的"中国形象"数据挖掘研究阶段（2011年以后）：2015年上海交通大学主持的"大数据时代中国形象挖掘的理论、方法和应用研究"的开展具有里程碑意义。建立基于大数据驱动的涉华报道案例库并将其应用于新闻语篇分析，即语料库辅助的新闻语篇批评话语分析，为国家形象研究提供了新思路。

如前所述，平成30年间日本的国内外形势发生了很大的转变。除"中国特需"[2]外，本书还关注了日本社会与"世界"的互动与共变。日本国内层面，我们关注的是"3·11"东日本大地震及由其引发的核能危机，以及日本"#Metoo"运动第一人伊藤诗织的艰难抗争之路，分别涉及新闻语篇中的能源话语与（反）性骚扰话语。国际层面，重点关注两个新闻事件。一是，因与国际捕鲸委员会在"商业捕鲸"行为上的立场分歧，战后日本政府首次退出国际组织，即以"退群"方式应对国际纷争的日本"捕鲸问题"，二是与日本对欧盟政策息息相关的英国"脱欧"实践。本书以日本平成时代的上述热点社会现象（事件）为案例，采用批评话语分析的理论与分析框架，探讨当代日本社会变迁与媒介话语建构模式之间的互动与共变关系。

二 批评话语分析

批评话语分析（Critical Discourse Analysis，CDA）始于 20 世纪 90 年代初期，迄今已发展成为备受瞩目的社会科学研究领域的重要分支。广义上讲，批评话语分析是以问题为导向的跨学科研究，包含多种研究路径，这些研究路径基于不同的理论模型、研究方法与研究议程。尽管理论模型、研究方法与研究议程迥异，但它们都共同致力于从语言学角度出发，通过对语言当中存在的各种隐性、显性的结构关系进行分析，揭示其中的支配、歧视、权力和控制关系（Wodak，2006：4—5），其具有将复杂的理论框架应用于重要议题的潜能。严格说来，它既不是研究学派，也不是完整的理论体系，而仅仅是话语研究者"在进行语言、符号和话语分析时共同使用的一种研究视角"（van Dijk，1993）。因此，批评话语分析是一种话语社会理论(a social theory of discourse)（Chouliaraki & Fairclough，1999：16）。其中，"话语"和"批评"是构成该理论的核心。

"话语"（discourse）是一个分析范畴，是用于表征社会生活某一方面的具体方法（Wodak &Meyer，2001；Wodak，2006）。话语具有社会建构性，亦被社会所建构。话语建构情境、知识对象、社会身份以及人与人之间和不同群体之间的关系。话语的社会建构性具有以下两种意义：一方面，话语帮助维持以及再生产社会现状；另一方面，话语有助于再造社会本身（社会身份、社会关系、知识体系和信仰体系），并致力于改变社会现状（Fairclough & Wodak，1997）。

批评话语分析中"批评"（critique）这一术语的使用是受马克思主义者以及后期法兰克福学派批评理论的影响。"批评"的动力在于利用文本分析证明话语中存在不平等现象，通过分析这些话语挑战社会中的权力分配不均现象。这意味着批评话语分析研究者不仅仅采取批评性立场去批判权力滥用，批判权力如何被操纵，更重要的是，要积极主动地在共同体内推动社会变革（van Dijk，2001）。该理论中，"批评"是用来解释并改变社会现象的机制。"批评"分析意味着研究者不仅仅需要解释单个或系列文本中存在的语言学元素和过程类型，更需要解释文本生产者在既定语言系统中，从诸多选项中找出特定语言学选择的背景、原因和影响，即"批评"分析需要关注语言数据中出现或者缺失的语言学元素（Kress & van Leeuwen，2001）。

这里的"批评"不只是一种否定的判断，更具有积极的解放功能。这样，批评话语研究具备了引发社会变革的特定计划，或者至少为挑战不平等现象提供支持。Wodak & Meyer（2016：65）曾归纳出三种"批判"形式，这是话语—历史分析法的组成部分："话语内在批判"（discourse immanent critique），旨在发现实践中的内部矛盾、不一致或者困境；"社会诊断批判"（socio-diagnostic critique），吸收社会学理论和语境知识，旨在揭示某些话语行为的"操纵特性"；以及"预后批判"（prognostic critique），利用内在批判和社会批判的观点，旨在"提升交流质量"。当然，"批判"需要基于正确的道德观念，比如民主、诚信、政治、透明、责任、客观、尊重他人、守法和忠诚。

与此同时，批评话语分析还具有很强的跨学科性（interdisciplinary）。批评话语分析学者们在借鉴应用语言学、认知语言学、社会学、民族志、社会心理学、文化学和符号学等学科理论的同时，更多地从社会学和哲学理论中汲取养分，并在此基础上成功开展跨学科和超学科研究。批评话语分析尤其是语言学、社会学等理论展开对话的平台，十分适用于以一个具体的话语或语言为出发点，探讨话语实践与社会实践的互动关系。

（一） 作为社会实践的 "话语"

批评话语分析尤其关注当代社会生活的巨大变革，关注在变化过程中话语怎样呈现，以及话语和其他符号、社会因素之间的变化情况。Fairclough 的批评话语观将社会分析区分为三个抽象程度不同的层次：社会结构（social structures）、社会实践（social practices） 和社会事件（social events），每个层次都有一个符号时刻与其他时刻存在的辩证关系。"社会事件" 的符号时刻是文本（text）；"社会实践" 的符号时刻是话语秩序（order of discourse）；"社会结构" 的符号时刻是语言（language）。其中，"社会事件" 是最具体的层面，这个术语可以用来概括社会生活中所有的 "发生之事"，即构成哈维所说 "社会过程" 的所有行为和事情。这其中，"文本" 这个术语可以用来表示社会活动的话语时刻，这不仅仅指书面文本（即日常意义上的 "文本"），还包括作为活动成分或时刻的言语，以及复杂的 "多模态" 式的电视和互联网文本。语言使用的变化是更加宽泛的社会变化和文化变化的组成部分，一个话语事件通过三个向度——文本、话语实践、社会实践——与社会有机连接（Fairclough，1995a，2003）。批判性话语分析 "不仅描绘了话语实践，还揭示了话语如何由权力与意识形态的关系构成，揭示了话语对于社会身份、社会关系以及知识及信仰体系的建构性作用"（Fairclough，1995；殷晓蓉，2003：12）。

"话语"（discourse） 具有社会建构性，亦被社会所建构。批评话语分析的践行者们一直认为，话语实践是社会实践的一个重要组成部分，话语建构情境、知识对象、社会身份以及人与人之间和不同群体之间的关系（Fairclough，1995a）。在话语实践与社会实践的辩证关系视域下，话语作为具体的语言运用，和其他与语言运用相关的成分（如社会关系和社会程序、心智现象）一起构成社会实践。在一个社会实践中，语言运用与语言运用相关的其他成分既彼此有所区别，又辩证统一，你中有我，我中有你，二者不能分离。正是社会实践中语言运用与其相关的社会因素之间动态变化的相互作用构成了社会实践的不竭动力，导致社会结构引发具体的社会活动，推动社会的变化与发展。

与此同时，批评话语分析将"话语"视为一种介入社会的力量，而非一个自治的系统，"话语"可以通过谋求使某些假设和价值观得到永恒而达到干预社会的目的（Fowler，1987：482—483）。Fairclough（1989：37）主张，话语作为一种社会实践，和"社会结构之间的关系是辩证的"，即"话语被社会结构决定，话语亦对社会结构具有反作用，能够使社会维持现状或发生改变"。而且，他认为，在现代社会，话语"或许已经成为实现社会控制和权力的主要手段"，而权力的运作，"越来越通过意识形态来获得"（Fairclough，1989：2—3）。常规化的语言使用方式能够使得各种话语在社会实践中变得相对定型化。不同的社会实践在话语层面以某种方式被"组织在一起"（Fairclough，2003：24），形成话语秩序。现实中的事物正是通过不同的语言表征方式在话语秩序中获得意义。意义不是既定不变的，而是在表征过程中具有可竞争性，也是动态的。

而"为了达到某些特定的目的而将意义固定下来"的努力可以被理解为是意识形态（ideology），或者说意识形态是对如何看待世界的那种"可接受的和可理解的方式"进行建构和界定的话语（Barker & Galasinski，2001：66）。对于意识形态，批评话语分析始终给予了特别的关注。Chouliaraki & Fairclough（1999：63）将意识形态视为

"话语的建构"（discursive constructions），建议"权力和意识形态"的问题最好"从不同实践的话语时刻和不同的话语秩序之间的关系"，即"互文性"（intertextuality）关系来处理。Fairclough（2001）对意识形态的看法是偏向马克思主义的，他认为意识形态是特定视角的实践建构。意识形态是关于世界的表征，旨在建立并维系权力、控制与剥削三者间的关系。这三者通过体裁等话语途径发挥作用，或通过形成身份或风格来达到反复灌输的目的。因此，文本分析是意识形态分析和批评的重要内容。现实语境中，话语实践的意识形态效果表现为：通过表征事件以及定位人群来生产或再生产社会阶层之间、性别之间、少数族群之间的不平等权力关系。

新闻话语是批评话语分析关注的一个特殊对象，因为它们显然在话语承载机制方面扮演了关键的角色。Bell（1995）对比给出了四个主要原因。第一，以报纸、电视、广播等为代表的媒体，是容易获取的研究和教学资料的充裕来源；第二，新闻话语的使用影响和再现了一个言语社群中人们对语言的运用和态度；第三，新闻话语的使用可以通过语言和传播的投射告诉我们大量的社会意义和刻板印象：例如新闻报道中对老人、女性及移民的描绘等；第四，新闻话语还反映和影响着文化、政治与社会生活的构成与表达。

（二）理论基础与研究范式

批评话语分析的研究目标有别于语用学和社会语言学等领域的话语分析或语篇语言学，因为它们以描述语言规律为目的，而批评话语分析却拥有"更宏大的政治目标，要把语篇的形式、语篇的生产过程和阅读过程连同孕育其产生的权力结构一并置于被质疑的风险之中"（Kress，1990：85）。因此，批评话语分析具有明确的政治议程，其目标是揭示"话语实践"是如何与"实施权力和控制的更广阔的社会政治结构"联系在一起的。Fairclough（1989，1992，2003）认为，批评话语分析的目标是对话语实践、事件和语篇以及更广阔的社会文化结构、关系和过程之间的这些常常看似不透明的因果关系进行系统的探究，调查这些实践、事件和语篇是如何在权力和权力斗争的关系中产生并被意识形态性地塑造，进而探讨存在于话语和社会之间的这些不透明的关系如何成为维护权力和霸权的力量。因此，批评话语分析自始至终是以问题为导向的，也就是说，不是直接去关注语言本身的单位或结构，而是首先关注和发现社会政治领域的问题，例如，性别歧视、种族歧视、语言霸权和文化霸权等。

批评话语分析通过对文本进行分析，揭示其中隐含的意识形态和权力关系，以及语言对社会过程的介入作用。该领域的热点研究对象主要是新闻等非文学文本，例如电视、广告、报刊、政治宣传语篇、官方文件和法律法规等。话语研究的课题涉及性别与种族歧视、移民、女权运动等反映社会不公的方方面面，以及（去）全球化、气候变化、民族与国家身份、新自由主义、无政府主义、恐怖主义以及文化遗产等热点话题。通过对各类语篇的分析，揭示那些难以被人们觉察的语言与意识形态之间的关系，以及权力阶层如何通过语言影响人们的思想意识进而维护自身利益和现存的社会结构。

批评话语分析旨在建立"一个能够深度整合话语分析和社会政治分析的理论性、描述性、实证性和批判性框架"（van Dijk，1993）。因此，其分析框架需要根据研究问题、语料和研究条件有针对性地建构。这也是为什么批评话语分析的相关研究被批评在方法上缺乏系统性和规范性。但批评话语分析学者认为没有必要追求一个固定和统一的方法，因为批评话语分析作为一门跨学科研究，其优势就在于能够灵活整合不同的语言学与社会学理论资源应用于具体的研究问题。批评话语分析只需遵守一些共通的基本原则（Wodak，1996：17—20）：

（1）探讨的是社会问题；

（2）权力关系具有话语属性；

（3）话语建构社会和文化；

（4）话语具有意识形态功能；

（5）话语具有历史性；

（6）语篇和社会、微观和宏观有媒介连接；

（7）话语分析就是解释和阐发；

（8）语篇是一种社会行为。

在具体的研究中，批评话语分析需要结合上述原则，建构合适的分析框架。近年来，其研究方法趋于多样性和综合性，主要有"辩证—关系"方法、"话语—历史"分析法、"社会—认知"分析法、定因分析方法、社会行为者分析方法，语料库语言学方法以及批评认知语言学分析法。

批评话语研究作为一个已确立起来的语言学研究领域，其基础在一定程度上是由 1970 年代在英国发展起来的"批评语言学"（Critical Linguistics，CL）奠定的（Fowler，et al，1979）。批评语言学的理论来源主要是 Halliday 的系统功能语法，其认为语言体现着特定的世界观，特定的文本体现着特定的意识形态或价值。主张"借助于语言结构的相互作用，借助于更加宽泛的社会背景，将文本与社会分析结合起来，并通过这样的分析来揭示话语表达中的社会意义"（Fowler et al，1979：195—196），即通过分析语篇的语言特点及其社会历史背景来考察语言结构背后的意识形态意义，进而揭示语言、权力和意识形态之间复杂的关系。

在一般意义上，批评语言学关注某些语法形式的意识形态效力，比如及物性、被动语态结构、名词化和情态、隐喻、论证谬误、修辞手段等，这些语言形式一直被证明是颇富成果的切入点，由此对社会不公平或不公正进行批判符号学分析（van Leeuwen，2005；van Leeuwen & Kress，2006）。然而，要重点说明的一点是，分析者不能简单地从这样的形式中"读取出"（read off）意识形态分析；批判性诠释助推研究对象的描述，同时，任何这样的诠释必须与社会语境相联系。

批评语言学自从 20 世纪 80 年代末以来近乎处于停滞的状态。但是它为话语分析批评学派开创了先河，其所提出的一套用于分析语言操纵的方法至今仍被批评话语分析的其他学派所借鉴，为批评话语分析的发展奠定了基础。然而，批评语言学自身也存在着一些缺陷：它过于重视作为产品的文本，较少关注文本的生产和解释的过程，对文本特征和社会意义之间关系的描绘过于简单、透明和固定，"价值以相当机械的方式被归于特殊的结构，似乎语言形式和社会意义之间存在可以预见的一对一的联系，而这种联系一旦建立就被认为是理所当然的、一成不变的"（Fairclough，1992：28）。

　　以 Fairclough 为代表的兰卡斯特学派的社会文化分析法继承和发展了批评语言学的成果，秉承系统功能语法的理论精髓，又在分析框架中融入 Bakhtin 的对话论、Kriestiva 的互文性、Gramsci 的意识形态"霸权"和 Fouca 的话语与权力思想。Fairclough（1992：73）确定了话语分析的三个不可分割的层次：文本分析、话语实践分析（产生、分布和消费）以及社会实践分析。微观层次的文本受到中观层次的话语实践的制约，而话语实践又受到宏观层次的社会实践或者社会条件（包括权力的作用）的制约。这或许意味着一种单向模式，但是不同层次之间的关系是相互的，包括对文本的微观分析与对社会结构、形成、权力关系以及话语实践和话语过程媒介作用的宏观分析之间存在的连续分流。Fairclough（1995b）在 *Media Discourse* 一书中明确提出对传播事件的分析可以分为文本、话语实践和社会实践三个层次的思想。在这一分析模式中，文本不再被简单、孤立地理解和分析，而是必须与其他文本和社会背景相结合；而且 Fairclough 特别强调互文性分析，认为互文性是话语实践的主要内容，是联系文本变化和社会实践变化的纽带。随后，Fairclough（2003）又进一步发展完善该分析模式，在 *Analysing Discourse：Textual Analysis for Social Research* 一书中建构了从文类（genre）、话语（discourse）和文体（style）三个层面分析话语互文性特征的理论框架。Fairclough 的话语分析模式是目前批判话语分析学派中最系统完善、最具实践性的模式。Fairclough 的话语研究观影响深远，但其研究模式只注重横向分析，缺乏对社会事件的纵向历史分析。

以 Ruth Wodak 为代表的维也纳学派（Vienna School）的"话语—历史"分析法，从认知的视角结合人类文化学的研究方法来解读话语和社会结构之间的关系。Wodak（1995）的专著 *Critical Linguistics and Critical Discourse Analysis* 发展了"话语—历史"分析法，系统地综合各种历史资料，从内容、话语策略和文本的语言学表达形式三个向度对不同层面的话语进行剖析和阐释。"话语—历史"分析法具有独特的优越性，其最大特点是人类文化学的研究方法和语料的充分性。然而这一模式也并不完善，Wodak 利用社会心理学的研究成果在解释文本生产和理解的过程方面作了有益的尝试，然而这种尝试是有限的，对社会变化缺少足够的解释力。因此，有必要进一步深化用认知科学来阐释语言对社会的建构作用。

以 van Dijk 为代表的社会认知分析法，认为"认知"是话语与社会之间的媒介（link）。van Dijk（1985）主张分析社会语境中交际者身份、意图、交际的时间和场所等信息，探究这些因素对交际者行为的影响以及认知语境与社会之间的联系。社会认知分析法的分析框架包括两个重要的组成部分：文本部分和语境部分。其中，文本部分对新闻话语的各种不同层次的结构做了系统的分析；语境部分主要分析这些文本结构生产的认知和社会因素、条件、局限性或影响，从而间接地分析它们的经济、历史和文化根源。这种从文本参与者的社会认知视角探讨文本的生产过程和理解过程的方法和其他批评话语分析的方法有同工异曲之效。它把文本结构与社会实践、文本生产的意识形态联系在一起，又把文本与文本的结构环境、宏观社会环境联系起来。在此，话语与社会的互动关系呈现出"话语—认知—社会"的三角关系，而不是一种机械的运动，其中包含了人类的因素。van Dijk 的社会认知分析模式与认知语言学的研究途径都注重将人的心理表征与语言运用相联系。社会认知分析模式代表了批评话语分析新的发展趋势，正是在这种背景下批评认知语言学（Critical Cognitive Lin-guistics）应运而生。

自 20 世纪 90 年代以来，批判话语分析以非常开放的姿态，广泛吸收当代各种学术流派的批判性学术资源，通过对"话语"的特征进行分析，在广阔的社会文化语境下，解读话语文本所承载的意识形态意义，从而揭示语言、知识和权力之间的复杂关系。然而，批评话语分析也受到过批评，认为其选择和理解文本时存在偏见（Blommaert，2005），太过于绝对（Hammersley，1997），忽视了为自身奠定解释基础（Jones & Collins，2006）。当然，任何领域都存在好的研究和不那么好的研究。为解决这些问题，批评话语分析的实践者们所能做的就是清楚和详细地解释所用的数据是如何构成和收集的；澄清个人立场同数据之间的矛盾；在研究过程中的每一个阶段进行自我反思；采用三角支撑的数据结构进行多角度研究；以及在理解数据时，从多个角度进行思考，确保将理解和分析分隔开等。

（三）东北亚文化语境下的批评话语分析

批评话语分析的研究方法日渐趋于多样性和综合性，跨语种、跨学科的特征愈发凸显。然而，无论哪种研究范式，无论从方法、对象和框架上均是以西方文化衍生的认知论和价值观为中心发展而来的。正如社会文化对社会认知的影响体现在话语本体、个人认知、社会结构等诸多方面一样，在以中国、日本为主的东北亚文化语境下，基于西方的话语理论从事媒介话语的批评话语分析，也要考虑到东北亚的特定文化语境，避免出现"水土不服"的情况。

批评话语分析历来重视文本分析，认为文本是社会实践的痕迹，体现社会关系、社会身份等的生产过程，因此文本分析能够揭露社会结构中的权力关系、意识形态等因素。然而文本对社会的影响，可以是即时的，如知识、态度、信念的改变；也可以是长期的，如广告不断塑造的"消费者"身份等。因此，将文本分析与社会分析相结合才能更好地解释其因果效应的产生过程。当然，文本结构与社会结构之间并非是简单的一一对应关系，而是通过中介体相联系。批评话语分析视角下的文本分析，注重语言学分析方法，包括系统功能语法、传统修辞学、认知语言学与语用学等，观察各层次语言结构在实践中的具体运作并分析话语内部的逻辑推理，关注意义生成的过程分析，强调文本分析对社会科学研究的贡献。在这一过程中，批评话语分析者们常常从系统功能语言学的分析框架中选择性地寻找一些它们认为独具意识形态意义的语法结构作为分析工具。例如，研究发现，大众媒体常常通过操纵作格性（ergativity）、及物性（transitivity）、名词化（norminalisation）、被动化（passivisation）等语法手段使参与者或因果责任等某些特征前景化或背景化，从而达到支持或压制特定意识形态的目的。毫无疑问，这些词汇、句法、语法等语言学特征首先存在跨语言的差异，跨文化、跨语言的话语分析的可行性问题值得深入探讨。

聚焦日本国内，2011 年日本 3·11 大地震后，民众对政府及新闻媒体的不信任感日渐增强。反映到日语语言学界，针对日本新闻媒体的"言说（内容）分析"和"批评话语分析"逐步增多。近年来，坪井睦子（2013）、名嶋義直（2015，2016，2018）、名嶋義直和神田靖子（2015）、石上文正和高木佐知子（2016）等学者开始尝试以"波斯尼亚战争"、"东日本大地震"、"安倍首相谈话"、"日本修宪"、"核电站重启"、"跨太平洋战略经济伙伴协定（TPP）"等新闻事件为驱动开展批评话语分析研究。但研究范式和对象相对单一，多以"文本—话语实践—社会实践"三维分析框架（Fairclough，1995a）对政治语篇开展话语分析。

反观国内日语语言学界，相对于语法学、对比语言学、文体学等领域，针对日语新闻语篇的话语分析研究严重滞后，这也是国内日语语言学界话语语言学及语篇分析相对滞后的客观表现。

[注释]

[1] 中日联合舆论调查（日文：日中共同世論調査），部分中国学者又将其翻译为"中日关系舆论调查"，该调查由中国外文局和日本言论NPO自2005年起共同实施，是"北京—东京论坛"的重要组成部分，现已成为反映中日两国民意、增进相互了解的重要途径之一。本书中的调查报告均引自日本言论NPO网址：https：//www.genron-npo.net/。

[2] 朝鲜战争期间，美国在日本大量采购军事物资和劳务，极大地促进了日本经济的发展，时称"朝鲜特需"。"中国特需"（日文：中国特需）一词由此而来。21世纪初，以"中国特需"为主要牵引力的出口增长成为日本经济复苏的重要推动力，因此又称"中国机遇论"（李彦铭，2015）。

第三章　日本主流媒体中"中国留学生"集体身份的话语建构

本章将语料库辅助的话语研究与社会行动者系统及其及物性过程分析相结合，借助小型专题新闻语料库，探析日本主流报纸媒体对"中国留学生"集体身份的话语建构。研究发现：（1）"中国留学生"主要再现为"求知者与劳动者"、"心系灾区的志愿者"、"民间交流的草根使者"、"社会秩序的挑战者"这四类群体身份；（2）话语生成者借助"专名化"和"范畴化"指称表征策略，调节并建构不同类型中国留学生个体及群体的"群内"与"群外"关系；（3）社会行动者小句的过程类型在各类形象间差异明显，物质过程尤其聚焦于再现中国留学生个体的违法犯罪行为，个体事件被放大为群体威胁，直接影响了读者对"中国留学生"集体身份的社会认知。

一　引言

集体身份（collective identity）亦称社会身份，是指个体与群体内共享，并区别于其他群体的特征（Turner，1985：78）。集体身份的认同或排斥主要通过新闻话语、影视与文学作品、网络自媒体等形式呈现，反映了一群人的信仰、知识、价值、态度与情感（Koller，

2012：20）。报纸媒体是新闻话语的最主要载体，话语生产者在特定的社会和文化语境下"再现"（representation）某一社会群体时，也会对新闻话语进行有意向性的选择，以实现重塑群体形象、影响大众认知的目的（Golden & Lanza, 2013：296）。

近年来，许多国内学者尝试将话语分析的构式引入集体身份建构的研究当中，譬如探讨学术活动中的研究生导师组、报刊与网络媒体中的老年人等的群体身份建构方式（孙咏梅，2013；刘文宇、李珂，2017），但对以赴日留学生为代表的青年一代群体的关注却十分不足。中国留学生是日本最大的留学生群体，占在日留学生总数的 1/3（日本学生支援机构，2020），各类社会实践备受日本媒体关注。中日两国虽为一衣带水的邻邦，人员往来和信息交互频繁，但日本民众获取有关中国信息的渠道却极其单一，95.7% 来自电视、报纸等传统新闻媒体（日本言论 NPO，2019：44）。由此可见，日本主流报纸媒体对"中国留学生"等海外华人华侨群体的报道方式，一定会对中国国民的形象建构产生巨大影响。

本章基于自建小型专题新闻语料库，将语料库辅助的话语研究与社会行动者系统相结合，探析日本主流报纸媒体对"中国留学生"集体身份的话语建构方式。与此同时，通过揭示日本主流媒体对"中国留学生"这一群体的认知框架，为良性建构中国国民形象和开展公共外交提供更多有价值的参考。

二　文献综述

本研究尝试将社会行动者系统和及物性理论引入集体身份建构的研究，从语义和句法层面对包含"中国留学生"小句中所隐含的话语策略进行考察，以此厘清"中国留学生"集体身份的话语建构方式。在此，重点从集体身份建构与话语策略的识解操作以及社会行动者系统两个方面进行文献梳理。

（一）集体身份建构与话语策略的识解操作

话语分析的研究范式适用于集体身份建构的研究。Koller（2012）基于社会认知视角提出了集体身份研究的三维分析框架：微观层面的文本分析，关注话语生产者如何建构及建构了何种集体身份；中观层面关注话语实践的参与者，即话语主体及其在话语实践中的角色定位；宏观层面关注影响话语实践的社会因素，三个维度相辅相成。陈新仁（2013）结合医疗咨询的特定语境，从语用学视角探究了身份建构的过程，认为交际者通过特定的话语方式建构具有目的性和动态性的语用身份。刘文宇和李珂（2017）基于事件—过程范式从话语结构、话语策略、社会语境三个层面比较了国内主流报刊和微博中"老年人"身份建构的过程差异。研究表明，在借助大量语言学和符号学知识来确定文本中所建构的集体身份是什么以及以何种方式进行建构的过程中，对语篇中宏观和微观话语策略的识解（construal）是身份建构研究的难点之一。

身份建构与语境息息相关（Turner，1985：80）。Hart（2010，2014）基于不同语境对图式化、范畴化、隐喻、指示语等识解操作进行研究，凝练出了结构构型、框架、识别和定位等宏观话语策略，以此尝试解释语篇的认知机制。而宏观话语策略又由一系列微观话语策略构成，包括指称、述谓、论辩、强化/弱化、趋近化以及合法化等，具体的语言手段包括互文、隐喻等。而在身份建构的过程中，话语生产者往往又会通过语言装置划分"群内"和"群外"的界限，进行积极的自我表征和消极的他者表征（Reisigl & Wodak，2001：71）。以"中国留学生"为代表的海外青年一代为例，研究发现，其媒介形象与现实形象之间存在一定的错位，"受害者"形象凸显并呈弱者化趋势（赵文庆，2017）。

上述研究丰富了集体身份建构研究的理论与实践，但对不同群体形象间话语策略的解释多以例证为主。与此同时，分析多聚焦于与集体身份相关的宏观社会语境，忽视了话语实践的主体，即社会行动者（social actor）本身在语义和句法层面是如何被选择和再现的。对社会行动者表征策略的分析是解构话语生产者对具体社会实践重置操作的重要一步。如何借助语料库语言学的研究框架将这些社会行动者的角色身份及其社会行为识别出来，对集体身份建构的相关研究显得尤为重要。

（二）社会行动者系统

van Leeuwen（1996）以及物性理论为依据，提出了社会行动者系统（Social Actor Network），亦称社会语义清单（Social Semantic Inventory），将社会行动者（social actor）和社会行为（social action）视为社会实践的核心构成要素，而集体身份正是在"我者"（群内）和"他者"（群外）的比较中产生的。在话语研究中，社会行动者被定义为社会行为的参与者，以多种身份主动或被动地参与社会实践，主要有主体（agents）、受体（patients）、受益人（beneficiaries），分别扮演社会行动的实行者、对象抑或是受事件影响的角色（Wodak & Meyer，2001：112）。在语义层面，关于社会行动者是如何被再现和表征的，van Leeuwen（2008）认为，话语生产者可以同时利用社会语义清单中的一种或多种话语策略对社会行动者进行再现，并以此影响社会认知，达到构建个体或群体身份的目的。

另外，在句法层面，及物性（transitivity）是表征概念功能最有效的语义系统（Halliday，1994：108）。当语言作为意义资源，被用以表征人们内心的经验世界和外部的经验世界时，语言具有概念元功能，而及物性则是在小句层面体现经验元功能的词汇语法结构。该语义系统能将人们对现实和内心世界的经验用若干个过程（动词）表达，并关注过程所涉及的参与者（名词）和环境成分（前置词/副词）。及物性过程分析一般以小句为单位，其中参与者包括身份建构研究中的社会行动者，而环境成员的主体是社会行动者具体的社会行为体。Teruya（2007）将及物性系统应用于日文语篇，将物质过程（material process）、心理过程（mental process）、关系过程（relational process）、行为过程（behavioral process）、言语过程（verbal process）、存在过程（existential process）这六大过程类型（process types）整合为物质、心理、言语和关系四大过程类型。语义和句法层面的分析，可探明社会行动者在话语实践中所采取的态度，包含情感、判断、鉴赏及其强烈程度，蕴含正面与负面的评价意义（Martin & White，2005：35）。

社会行动者系统从语义层面关注社会行动者的主体（agent），通过一系列的表征策略对其进行包装、归类及标签化，而及物性系统关注的是句法层面上社会行动者主体的行为（action），借助过程类型解析对社会行为进行分类。本研究认为，除宏观语境外，集体身份的话语建构研究更应从语义和句法两个层面聚焦于社会行动者主体及其社会行为的表征方式，以包含中心节点词的小句为研究对象，将社会行动者系统与及物性过程分析相结合，为集体身份研究提供更多系统而翔实的语言证据。

三　研究设计

（一）研究问题

本研究基于自建小型专题新闻语料库，以包含中心节点词的小句为分析对象，将语料库辅助的话语研究与社会行动者系统、及物性过程分析相结合，从语义和句法层面探析日本主流报纸媒体对"中国留学生"集体身份的话语建构方式。聚焦话语实践的语言表征，具体包括以下三个研究问题：

（1）话语生产者借助新闻话语，建构了怎样的"中国留学生"集体身份；

（2）语义层面，"中国留学生"这一社会行动者主体（agent）

在不同群体身份中是如何被指称的;

（3）句法层面，话语生产者是如何通过及物性系统再现社会行动者的行为（action），影响"中国留学生"各类集体身份建构的。

（二）数据来源

本研究从日本发行量最大的三大报纸《每日新闻》《朝日新闻》《读卖新闻》的在线语料库中，以"中国人（の）留学生"（中国留学生）为关键词，以"留学生 30 万人计划"[1]的发布时间为轴，收集了 2008 年 1 月至 2019 年 6 月间新闻标题中包含中心词"中国留学生"的新闻语料，作为"中国留学生专题"的一部分，置于"当代日本社会现象专题新闻语料库"之中。通过筛选，剔除重复报道以及非相关报道，共收集新闻语篇 278 篇，总字符数为 193219 字。

（三）数据分析步骤

首先，基于自建小型专题新闻语料库，借助语料库文本分析工具 KH Coder3.0，提取中心节点词"中国留学生"的典型词语搭配并形成语义网络（Semantic Network），以图示化的方式锁定话语分析的焦点，即"中国留学生"相关新闻报道的主题范围，以及由此所建构的不同类型的"中国留学生"集体身份。

其次，聚焦语义层面，关注话语生成者是如何指称社会行动者的，结合日语新闻语篇及人称代词的特征，选取社会行动者系统中的"专名化"（nomination）与"范畴化"（categorization）指称表征策略（van Leeuwen, 2008），对包含"中国留学生"的 675 条小句进行指称赋码，并通过变异系数（Coefficient of Variation, CV）比较不同集体身份中指称策略的使用差异。其中，"专名化"是以具体姓氏称谓出现的，用于个体表征，如"馬聞倬さん"（马闻倬先生）、"盛立会長"（盛立会长）等。与之相区别，"范畴化"是指以集体名词的指称，如"中国人グループ"（中国人团伙）、"容疑者たち"（嫌疑人们）等。社会语义清单的分析可有效阐明"中国留学生"这一社会行动者在报纸中是如何被他者表征的。

然后，聚焦句法层面，关注不同集体身份中社会行动者主体的社会行为，基于日语语篇的四类及物性过程类型（Teruya，2007），对包含"中国留学生"指称表征的小句进行及物性过程分析，与社会行动者的表征策略分析相互补充，探究日本报纸媒体如何通过语言符号和句法结构影响特定群体身份的话语建构。

四　结果

（一）基于语料库的语义网络分析

话语生产者通过语义、句法等语言装置的选择来建构社会角色。基于语料库的搭配词（collocation）、索引行（concordance lines）和语义韵（semantic prosody）分析可有效识别话语的内在意义（钱毓芳，2010；McEnery & Hardie，2011）。本研究借助语料库文本工具KH Coder3.0，以中心节点词"中国人（の）留学生"（中国留学生）左右5个词为截取范围，生成搭配词统计表，并以表征搭配强度的互信息值（MI3）大于6，词频大于20为筛选条件从中提取强搭配词共计103个。最终再经聚类分析处理，将关键词共现矩阵转化为中心节点词"中国留学生"的语义网络（图3-1），以此区分不同类别的"中国留学生"群体身份。

基于语料库的语义网络可以更加直观地呈现高频词间的阶层关系、搭配强度及话语结构。如图3-1所示，圆圈的大小表示的是搭配词间的数量差异；连接搭配词之间线条的粗细则表示搭配强度，搭配强度越高，线条越粗越明显。结合语义网络分析并浏览节点词及索引行的上下文语境，分析发现，日本报纸媒体主要将"中国留学生"再现为以下四类集体身份，在此将其命名为"求知者与劳动者"、"心系灾区的志愿者"、"民间交流的草根使者"以及"社会秩序的挑

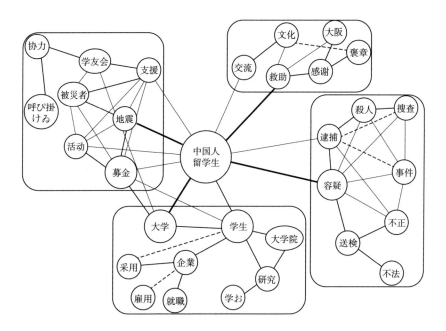

图3-1　中心节点词 "中国留学生" 的语义网络

战者"。

　　如图3-1所示，语义网络下方展示的是 "中国留学生" 参与校园生活、以及实习就业活动的相关报道。中国留学生在大学（「大学」11.62)[2]、研究生院（「大学院」10.41）中所展现出的坚持不懈的姿态（「がんばる姿」）、积极向上的态度（「積極的な態度」）、勤勉精神（「勤勉さ」），以及积极融入日本社会（「日本に溶け込む」）的各类实践与互动，占据了大部分篇幅。这种兢兢业业的态度也反映到了赴日中国留学生的求职活动中。近年来，"爆买" 浪潮席卷日本，中国留学生利用双语优势，通过实习（「実習」6.41）、就业（「就職」6.54）、进修（「研修」5.76）等方式参与其中，从一定程度上缓解了日本的用工荒。此类文本中，"中国留学生" 被再现为积极融入日本社会的 "他者" ——"求知者与劳动者" 这一集体身份。

2008 年 5·12 汶川地震、2011 年 3·11 东日本大地震（「地震」12.63）的赈灾过程中，众多中国留学生走上街头呼吁（「呼び掛ける」9.63）民众积极募捐（「募金」11.75），甚至作为志愿者深入福岛灾区，参与赈灾义演，支援灾区重建活动（「支援」10.71）等。灾难面前无国界，图 1 左上角"心系灾区的志愿者"这一集体身份由此产生。灾难之时的援助与扶持是出于对人性的关爱，一衣带水中日两国间的人道主义精神是共通共融的社会语境。

在促进多元文化（「文化」8.31）及友好交流（「友好」9.62）方面，除文化、教育、体育等层面外，中国留学生的见义勇为之举（「勇気ある行動」）也被广为报道，并最终转化为了期待中日关系持续友好的声音（「日中の友好関係を期待する声」），被誉为"民间交流的草根使者"。典型新闻事件包括：2013 年 11 月中国留学生严俊勇敢搭救（「救助」11.75）落水小学生并被日本天皇授予红绶褒章（「紅綬褒章」[3]9.75）等。

然而，在图 1 右侧"违法犯罪活动"这一报道主题下，"嫌疑"（「容疑」）一词与"中国留学生"共现次数为 67 例，搭配强度为 14.32，是所有典型搭配词中强度最高的。与此同时，"逮捕"（「逮捕」12.31）、"移交检察院"（「送検」11.27）等词的词频及搭配强度也高于前四类活动中的搭配词。由此可见，中国留学生参与的"违法犯罪活动"是日本媒体关注的焦点。比较发现，中国留学生作为"违法犯罪活动的参与者"、"日本社会的不安因素"等负面形象占据媒体主流，且消极形象的相关报道比重高于另三类正面形象。因此类报道的频繁出现，中国留学生以日本"社会秩序的挑战者"的集体身份出现在大众视野中，而此集体身份不易将中国留学生在负面新闻文本中的"受害者"和"加害者"等具体活动角色分离，这就致使报纸媒体的受众对此类报道中的理解仍滞留在表层，对中国留学生"社会秩序的挑战者"集体身份的认知不断地单面性强化。

综上所述，日本报纸媒体通过新闻话语建构了一个多元化的"中国留学生"集体身份，主要包括："求知者与劳动者"、"心系灾区的志愿者"、"民间交流的草根使者"以及"社会秩序的挑战者"四大类。新闻话语的生产者对议题的选择及其报道方式直接影响了"中国留学生"集体身份的塑造。其中，表征积极和正面形象的相关报道分布于多个不同议题，但主要集中于中国留学生的个体行为，包括：勇于投身科学研究、见义勇为搭救日本少年、积极参与赈灾募捐和灾区重建等，呈现故事化、生活化的报道倾向。另一方面，有关中国留学生的负面新闻主要集中于三个议题：人身及财产安全、留学生死亡、违法案件审理。相较而言，这三类议题的消息源多为官方机构的确切信源，且报道内容多见数据的可视化，在这一报道框架内"受害者"和"加害者"的形象是相互混杂的。人身及财产安全、留学生死亡报道中，"中国留学生"多以"受害者"这一弱者形象出现，而违法案件审理中则以"加害者"形象出现。但由于上述三类议题的报道数量最多且词汇搭配强度突出，"日本社会秩序的挑战者"成为了"中国留学生"群体的主要集体身份。这种报道偏向下的产物，易于引发针对"群外（out‐group）"的某种均质性效应（homogeneity effect），形成对该群体的刻板印象（stereotype）。那么，话语生产者又是如何通过操纵新闻话语建构如此多元的集体身份，并影响社会认知的呢？

（二）社会行动者表征分析

社会群体中的成员被个性化或群体化"再现"时，其在文本中的指称方式会突出他们的社会身份及人物特征，"称谓"可将社会行动者划分到不同的社会阶层（van Leeuwen，1996：81）。指称表征作为一种语言符号资源可有效影响社会认知，帮助新闻话语构建特定的群体形象。铃木孝夫（1982）将日语的人称代词和身份称谓合称为"人称词"，具体可分为说话人用于指示自己的"自称词"，如"わたし/僕（我）"等；用于会话中指示说话对象的"对称词"，如"君（你）"、"お父さん（父亲）"、"先生（老师）"等；以及用于指示行为对象，即第三人称身份的"他称词"，如"田中課長（田中科长）"、"佐藤さん（佐藤）"等。其中他称词又名提及称，用以称谓作为话题人物论述的第三者（国宏哲弥，1990：4）。结合 van Leeuwen（1996）社会行动者系统，本研究将"中国留学生"的提及称分为用于个体表征的"专名化"和用于集体表征的"范畴化"两类，依此对包含指称"中国留学生"的675条小句进行指称表征附码，并比较不同集体身份下指称策略的使用差异（表3-1）。

表3-1   "中国留学生"指称表征策略统计

集体身份 指称表征	求知者与 劳动者	心系灾区的 志愿者	民间交流的 草根使者	社会秩序的 挑战者
专名化	68 / 43.0%	84 / 50.3%	131 / 56.0%	49 / 21.5%
范畴化	90 / 57.0%	83 / 49.7%	103 / 44.0%	179 / 78.5%
合计	158 / 100%	167 / 100%	234 / 100%	228 / 100%
CV	0.24	0.02	0.16	0.87

统计学中，变异系数（Coefficient of Variation，CV）又称标准差率，是用于衡量指标中各观测值变异程度的一个统计量，变异系数的值越大表明观测值之间的离散程度越大，差异性和不稳定性也更加显著。如表1所示，"专名化"与"范畴化"的使用情况在"求知者与劳动者"、"心系灾区的志愿者"及"民间交流的草根使者"此三种相对正面的集体身份中保持较低值（CV≤0.3），无较大差异。与之相异，"社会秩序的挑战者"这一集体身份下的两类指称却呈现较大差异性（CV≥0.5），受害人（「被害者」）、外国人（「外国人」）等"范畴化"指称是负面集体身份的主要表征形式。这表明，日本报纸媒体在建构中国留学生正、负面形象时采用了不同的指称表征策略，特别是在表征负面形象时倾向于借用"范畴化"指称表征，个

体的独立犯罪行为被扩展到了群体行为，试图实现由个体表征向群体表征的过渡。

社会行动者在文本中以单一身份再现时，主要表现为个体的"专名化"，除此之外，当与其他社会行动者共享某种社会身份或功能时，表征方式可调整为群体指称的"范畴化"（van Leeuwen，2008）。文本分析发现，日语"专名化"主要以"（前置修饰词+）姓名/姓氏+接尾辞"，如：「会長の馬聞倬さん」（会长马闻倬先生）；"姓名+头衔"，如：「盛立会長」（盛立会长）；"姓氏/姓名+事件关系角色"，如：「姜遠東容疑者」（姜远东嫌疑人）等三种形式，将社会行动者个体的姓氏、身份等信息明示化。另一方面，"范畴化"则隐藏了具体身份信息，以集体名词代替，如「留学生」（留学生）、「受け取り役」（接收人）、「容疑者」（嫌疑人）等。

(1) 受賞者の林亦中さんが、東日本大震災被災地のNPOが開発した防災教育ソフトを中国の四川大地震の被災地に導入する研究を進めている。（朝日新聞，2018.5.13）/<u>获奖人林亦中先生将NPO开发的防灾教育软件导入中国四川地震灾区的研究正在进行。</u>

（笔者译，下同）〔专名化〕

日语中人称名词后可出现「殿」「さま」「氏」「さん」「ちゃん」等接尾辞以及无接尾辞等形式，在提及称的礼貌程度上差异明显（成田徹男，2013：110）。新闻话语中提及称后续接尾辞的使用差异，会直接影响话语接受者对事件人物形象及其所从事社会实践的认知（卢万才，2009：92）。例1中，作为求知者的中国留学生林亦中积极参与社会实践，将日本的防灾教育软件引入中国的防灾教育体系。新闻话语以"前置修饰词+姓名+さん"的形式指称社会行动者林亦中，通过接尾辞「さん」表达一般性的敬意。文本中，这种正面的个体形象集中体现在"求知者与劳动者"、"心系灾区的志愿者"及"民间交流的草根使者"三类集体身份中，新闻媒体的受众对此三类集体身份的认知也仅局限在某些个体的中国留学生，正面的中国留学生形象影响颇小。另一方面，"专名化"指称的修辞词多为「会长」（会长）、「代表」（代表）、「九州産業大大学院」（九州产业大学研究生院）等表示职务、头衔、所属机构等体现一定权威性的词汇，所在小句均呈现积极语义韵特征，这使得小句中贴近日本读者心理的留学生个体纳入到了"群内（in-group）"范畴。这种正面的个体形象也会影响到读者对特定群体形象的认知。

(2) 他人になりすましネットで商品を買い、マンションの空き部屋に配達させた中国人グループによる窃盗事件で…留学生を古物営業法違反容疑で逮捕した。（读卖新闻，2015.9.12）/在这场由中国人团伙制造的盗窃案中，团伙成员诱骗他人在网上购入商品，并让其将商品送到寓所的空房间内……留学生因违反二手物品经营法被拘捕。

〔范畴化〕

另一方面，如例2所示，中国留学生未被提及具体姓名，集体名词「留学生」、「中国人留学生（男）」等"范畴化"指称取而代之贯穿整篇新闻报道。对中国留学生个体犯罪者的"范畴化"指称，可诱发读者对犯罪者个体身份概念的认知淡化，读者对犯罪事实的认知也会由个体行为扩展至了群体事实。「中国人グループ」（中国人团伙）与后续的留学生个体一并提及，话语生产者向读者传达的是，中国留学生挑战日本社会秩序的事件已不是个例，是由个体逐步蔓延至整个中国留学生、在日华人群体的普遍现象。

与此同时，分析发现，前置修饰词在"范畴化"指称中大多表现为大阪市浪速区（「大阪市浪速区」）、接货人（「受け取り役」）

等表示行政区划、事件关系角色的短语或小句，将作为犯罪者的中国留学生区域化、角色化，这点与"专名化"指称中再现某种权威性的头衔、职务或所属教育机构的前置修饰词存在明显差异。另外，"范畴化"指称中也不乏集体名词本身充当前置修饰词的情况，如"中国留学生拘捕者"（「中国人留学生らの逮捕者」）、"数百名中国留学生"（「中国人留学生数百人」）等，将"社会秩序的挑战者"的人数、性别、年龄及事件关系角色等信息前景化和具现化。"范畴化"指称被广泛用于有关中国留学生个体事件的负面报道中，将中国留学生犯罪个体的社会行为扩展至整个群体，将对日本社会的个体侵害放大为群体威胁，实现对特定社会群体的"标签化"和"群外化"。

借助社会行动者理论对新闻语篇中"中国留学生"的指称策略分析，我们发现，指称表征作为一种语言符号资源，可以帮助话语生产者建构某一群体的特定形象，进而影响社会认知。正面形象的建构过程中，"专名化"指称表征将中国留学生个体置于一种权威框架内，将小句中贴近日本读者心理的留学生个体置于"群内"范畴。而在负面形象的建构过程中，通过"范畴化"指称表征的大量使用，将个体的负面行为扩展至整个中国留学生群体，将中国留学生群体归为挑战日本社会秩序的"他者"，处于"群外"范畴，以此影响读者对个体和群体的社会认知并进而影响社会结构。

（三）及物性过程分析

为理清社会行动者主体的行为与群体形象建构的关联，本研究依据 Teruya（2007）对及物性系统的四种分类，即物质过程、心理过程、言语过程和关系过程，对包含"中国留学生"指称表征的 675 条小句进行及物性过程分析（表 3-2）。

表 3-2   "中国留学生"表征小句过程类型分析

过程类型 / 集体身份	物质过程	心理过程	言语过程	关系过程		
				属性	所有	存在
求知者与劳动者	101（18.8%）	29（21.0%）	18（12.8%）	47（41.6%）	8（20.5%）	6（12.5%）
心系灾区的志愿者	89（16.6%）	59（42.8%）	45（31.9%）	29（25.7%）	7（17.9%）	9（18.8%）
民间交流的草根使者	149（27.8%）	45（32.6%）	56（39.7%）	16（14.2%）	19（48.7%）	22（45.8%）
社会秩序的挑战者	197（36.8%）	5（3.6%）	22（15.6%）	21（18.5%）	5（12.9%）	11（22.9%）
合计	536（100%）	138（100%）	141（100%）	113（100%）	39（100%）	48（100%）

物质过程表示做某事件的过程，强调社会行动者的动作及其目标，可再现"做什么"这一过程（龍城正明，2006）。动作的行为者（actor）与动作目标（goal）是此过程的两个主要参与要素。由表 2 可知，物质过程高达 536 次，是最常用的过程类型。这说明，日本报纸媒体多以社会行动者参与的客观物质过程为主要报道内容，通过社会行为的刻画，突出新闻报道的客观性与公正性。

(3) 東京都足立区の中国人留学生の男を外為法違反容疑で書類送検した。（毎日新聞，2017.11.26）。/东京都足立区的中国男性留学生因违反外汇及外贸管理法被送检。

[物质过程]

然而，在四类集体身份中"社会秩序的挑战者"的物质过程占比最高，占 36.8%。例 3 是中国留学生触犯日本法律法规而受到制裁的报道。区别于积极融入日本社会，投身民间交流的留学生个体的"群内"形象，作为日本社会秩序的挑战者，犯罪者个体处于与读者心理距离较远的"群外"轴线上。在此，中国男性留学生（「中国人留学生の男」）的个体信息被刻意隐藏，以"范畴化"的指称方式呈现，负面化的"他者"形象由个体扩展到了群体，小句中也伴随着消极的语义韵特征。媒体受众在此类负面新闻报道中获取信息，对中国留学生犯罪者个体的认知淡化，而受"范畴化"指称的引导，对"中国留学生"群体的认知不断强化。此类新闻报道的频繁发布，也进一步推动了中国留学生犯罪者向距离受众较远的"群外"移动。

(4) 主催団体の役員で、中国人留学生の周巍巍さんは「被災地が元気になってほしい。私たちも応援していることを伝えたい」と話す。（朝日新闻，2011.4.30）/主办团团体的成员周巍巍说："希望灾区能尽快恢复元气，我们也想传达支援灾区的心意"。

〔心理过程〕〔言语过程〕

心理过程强调社会行动者的感觉、反应、认知等内在心理状态，主要参与要素是感受者和某一特定现象，可再现社会行动者对某一事物的感知过程。而言语过程具体表现为社会行动者的说话状态，多采用「と話す」（讲）、「と言う」（说）、「と供述する」（供述）等言语动词，小句的参与要素主要为发话者、受话者与言语内容（龍城正明，2006）。由表2可知，心理和言语过程多集中于"心系灾区的志愿者"与"民间交流的草根使者"这两类相对正面的集体身份中，二者总和多达75.6%。如例4所示，"周巍巍"作为中国留学生艺术团的一员，积极参加支援东日本大地震的公演活动，其话语中表露出强烈的对灾区的真情关切。新闻话语借助言据性成分（evidentiality），客观再现中国留学生个体的话语内容（verbiage），在提升报道内容客观公正性的同时，也拉近了读者与中国留学生个体间的距离，将积极融入日本社会的留学生个体纳入了"群内"范畴。但是，值得注意的是，对社会行动者的言语行为和内心世界的关注多集中于以"专名化"表征的留学生个体，而非"范畴化"指称的群体。

(5) 同短大英語科は学生約 170 人のうち約 70 人が<u>中国人留学生である</u>。（朝日新闻，2010. 12. 22）/该短期大学英语系约 170 位学生中有 70 人<u>是中国留学生</u>。

〔属性关系过程〕

关系过程反映两个事物间的逻辑关系，可分为所有、存在、属性关系三类。日语中，所有关系过程可借助「~がある/を持つ」（有/持有）及其变形识解，体现社会行动者与小句其他成分之间的拥有与被拥有的关系。存在关系过程借用「~がいる/ない」（有/没有）、「~に住む」（居住于）及其变形识别，以判定人与人或物与物之间的存在关系，此时的中国留学生作为存在者参与关系过程。属性关系过程强调社会行动者属性或其从事活动的属性，常用「~である/だ/だろう」（是/是/是吧）等表示。"求知者与劳动者"形象以属性关系过程为主，如例 5 所示，中国留学生的人数变迁一直是日本媒体关注的焦点。新闻话语借助属性关系过程，突出中国留学生群体的归属性信息，如活动人数、出生地、所属机构等，客观呈现群体的属性。

五　讨论

新闻话语中的集体身份建构极大程度上依靠语言，并最终实现于具体的词汇、句法和篇章结构中。研究表明，基于语料库的中心节点词的典型搭配分析，可有效地避免定性研究中对特定语言现象的"过度诠释"或"诠释不足"，是研究话语塑造与形象建构的有效工具（Baker & McEnery，2015；潘峰和黑黩，2017）。而随着文本挖掘技术的不断发展，词云、语义网络等可视化手段可以更加直观地呈现话语结构。然而，这种基于语料库的量化统计分析方式在本质上是去语境化的（de-contextualized），与基于语境（contextualized）的话语分析存在一定矛盾。解决这一矛盾的途径之一，是引入系统功能语言学、认知语言学、语用学等领域的理论予以支撑和衔接。在聚焦词汇和句法层面，有关集体身份建构的话语研究中，以包含中心节点词的小句为考察对象，将语料库语言学的研究范式与社会行动者系统、及物性理论相结合，则可最大化地兼顾量化文本分析与针对宏观社会、文化或情景语境的考察。

集体身份是建构在事物的客观属性和人的主观感知之上的（Koller，2012：30）。就日本主流媒体中"中国留学生"的集体身份而言，客观的社会实践通过新闻话语再现后，"求知者与劳动者"、"心系灾区的志愿者"、"民间交流的草根使者"以及"社会秩序的挑战者"这四类集体身份在新闻语篇中相互融通，但在报道数量、不同群体形象的指称方式及动作过程类型上却难以均衡，针对个体的负面刻板印象蔓延至群体，必将会导致日本民众对"中国留学生"这一群体形象的认知偏颇，形成消极的刻板印象（stereotype）。媒体对"中国留学生"的错误表征（misrepresentation）又会强化对该群体的消极刻板印象。在长期且消极的"他者"建构下，留学生群体自身很难获得足够的文化认同和尊重，也势必会营造出排斥中国留学生群体的社会情绪，形成客观属性与主观认知之间的偏差。

六　结语

以"中国留学生"为代表的海外青年群体是构建中国国民海外形象的重要一环。本研究将语言库语言学的研究方法与社会行动者系统、及物性过程分析相结合，分析了日本主流报纸媒体中"中国留学生"集体身份的话语建构方式。

研究发现：（1）日本报纸媒体多建构的"中国留学生"集体身

份日渐多元，主要表现为"求知者与劳动者"、"心系灾区的志愿者"、"民间交流的草根使者"以及"社会秩序的挑战者"等四类群体身份。（2）语义层面，话语生成者借助"专名化"指称表征策略，将积极融入日本社会、投身中日民间交流的草根个体归为更加贴近读者内心的"群内"范畴；通过"范畴化"指称表征策略，将挑战日本社会秩序的个体行为放大为群体行为，并推离至距读者心理中心较远的"群外"范畴，以此影响读者对"中国留学生"个体和群体的社会认知。（3）句法层面，及物性过程分析表明，四类集体身份中"社会秩序的挑战者"相关小句中物质过程占比最高，话语生成者关注并放大社会行动者个体的违法犯罪行为，但对社会行动者的言语行为和内心世界的关注却仅集中于以"专名化"表征的"心系灾区的志愿者"和"民间交流的草根使者"的留学生个体，而并非以"范畴化"指称的留学生群体。

"留学生30万人计划"的推进客观上促成了媒介话语中"中国留学生"日渐多元的集体身份。但日本主流报纸媒体对"违法及犯罪活动"的大量报道，构造并强化了与"中国留学生"这一"他者"范畴相关的线索（associations），这些标签化的线索信息作为知识存储于读者的记忆中，又经过自发性的活性化和受制性的适用过程得以发挥功能，促进了针对"中国留学生"消极刻板印象的形成和固化。

［注释］

［1］作为国际化战略的重要一环，2008年日本政府推出"留学生30万计划"。为在2020年前实现该目标，日本政府逐步放宽了高校入学条件及签证准入制度、推出"Global30"英文授课项目、促进留学生在日就业等一系列改革，日本高等教育国际化随之进入快车道。在这一大背景下，我国赴日留学人数持续攀高，2017年首次突破10万人，2018年占比更是超过了在日留学生总数的1/3，并在不断增加（日本学生支援机构，2019）。

［2］互信息值（Mutual Information，MI3），体现的是节点词和搭配词之间的互相

吸引关系，即搭配强度。在实际操作中，通常以 3 作为互信息值的临界值，即互信息值大于 3 的搭配词视作强搭配词（Hunston，2002：71）。

[3] "褒章"是日本政府对在某个领域有突出贡献或德行优秀的人授予的奖励，共有 6 个种类，其中"红绶褒章"是对见义勇为人士的专门奖励。2013 年 9 月，中国留学生严俊因英勇搭救落水儿童被日本政府授予"红绶褒章"，并受到时任日本天皇的接见。

第四章　日本新闻媒体中"爆买"现象的话语建构

　　本章将"文本—话语实践—社会实践"三维分析框架与语料库辅助的批评话语研究相结合，从历时的视角探讨日本主流报纸中"爆买"现象的话语构建方式。研究发现：（1）2015年初至2018年底以"爆买"现象对日本经济和社会的影响为轴，可划分为"孕育形成期"、"波动调整期"和"渐变弱化期"三个不同阶段，新闻报道呈现"遵奉、中性、抵制"的报道倾向，态度差异明显；（2）作为"爆买"主体的"中国赴日游客"，呈现第一阶段"日本政府及企业积极服务的对象"、"不理智的疯狂购物者"，第二阶段"社会秩序的挑战者"，第三阶段"'爆买'现象急剧退化的责任承担者"、"中国经济表象的缩影"等多元化、渐变式的形象特征；（3）日语"爆買い"一词的语义范围扩展至"双11"、中国政府海外采购、科技和体育领域的人才竞争等现象，标签化等消极语义韵特征日渐明显。

一　"爆买"现象与新闻话语

　　近年来，受中国经济发展、货币汇率变动、日本放宽对华签证条件、扩大免税商品范围等因素的影响，中国赴日游客（「中国人観光客」）人数激增，并在日本掀起了各大媒体争相报道的"爆买"热潮。2015 年日语"爆買い"一词更是斩获"日本年度新语·流行语大奖"，其中文翻译"爆买"一词也在中国国内各大媒体、网民之间广泛使用。

日语"爆買い"一词是新造词，最早出现于 2009 年 9 月 9 日富士电视台的一档新闻栏目《FNN Super News》，关于来自中国的旅游团在日本集中大量采购的特别报道"旋风扩大追踪'爆买'现场的中国旅游团"（「旋風拡大ニッポン'爆買い'現場中国人団体ツアーを追え」）。随后"爆买"一词扩展至杂志、报纸等纸质媒体。2015 年 2 月春节前后随着中国赴日游客人数的增加，"爆买"相关报道骤增，成为了当年的新闻热点。"爆买"一词最初用于形容广大海外赴日游客的超级购买力，但随着新闻报道的深入，日本媒体逐步将"爆买"现象与中国赴日游客对等起来，呈现一种"标签化"（labeling）的倾向。那么，日本主流纸质媒体是如何实现"爆买"现象的话语建构，又是如何关联呈现作为其行动主体的"中国赴日游客"群体形象的呢？

本研究将"文本—话语实践—社会实践"三维分析框架（Fairclough，1995a：59）与语料库辅助的批评话语研究相结合，从历时的视角探讨日本三大主流报纸对"爆买"现象的话语构建方式及其对"中国赴日游客"形象建构的影响。以期对深入了解日本主流媒体涉华报道的立场倾向及媒介态度提供一定的借鉴和启示。

二　理论基础

（一）"文本—话语实践—社会实践"三维分析框架[1]

批评话语分析（Critical Discourse Analysis，CDA）是以问题为导向的跨学科研究方法，旨在通过语言和语篇分析揭示语言、权力和意识形态的关系，其重要原则之一就是把语言行为视为一种社会实践，能建构情景、社会身份、人与人/群体以及群体与群体之间的关系（Wodak & Meyer, 2010）。

Fairclough（1992）认为话语（discourse）由三个维度构成：文本（text）、话语实践（discursive practices）和社会实践（social practices）。在话语三个维度的基础上，如图 4 - 1 所示，Fairclough（1995a）提出了"文本—话语实践—社会实践"三维分析框架：即（1）从词汇、句法、篇章等语言学视角"描述"（describe）文本的语言结构特征；（2）"解释"（interpret）文本与话语过程的关系；（3）"阐释"（explain）话语过程和社会过程的关系。该分析框架是批评话语分析领域最具影响力的话语分析框架之一。然而，不可否认，基于少量文本的定性话语分析存在对某种特定语言现象"过度解释"或"诠释不足"的问题（Fowler, 1996）。

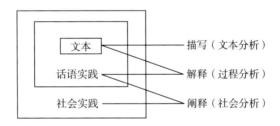

图4-1 "文本—话语实践—社会实践"三维分析框架（Fairclough, 1995a：59）

（二）语料库辅助的批评话语研究

近年来，为增强批评话语研究的科学性和实证性，弥补由于文本数量过小而缺乏代表性，以及对特定话语的解释缺少客观性和系统性分析的缺陷，"语料库辅助的批评话语研究"（Corpus Approaches to Critical Discourse Studies）应运而生。将语料库语言学的方法应用于话语研究具备两个优势：有效弥补基于少量文本的定性研究的不足，减少话语研究的主观性，避免对研究结果进行预设；增强话语研究过程的准确性和可重复性，使得针对分析结果的"三角验证"成为可能（Baker，2006；濮建忠，2010）。

在国内，近年以语料库辅助的方法开展批评话语研究方兴未艾，尝试从词汇和句子形式、语法结构、话语策略、社会认知等角度探讨话语的内在意义（辛斌，2008；张辉和颜冰，2019）。但所用新闻语料多集中于以英语为主的西方媒体，语种相对单一（李贵鑫，2018）。在日本，柏林自由大学学者野吕香代子最早以译著的形式将 Ruth Wodak 等关于批评话语分析的著作 *Methods of Critical Discourse Analysis*（2001）、*Methods of Critical Discourse Studies* 3rd（2016）等介绍到日本。2011 年"3·11 东日本大地震"之后，日本民众对政府及媒体的不信任感日渐增强，学界旨在揭示社会不公现象的"言说分析"和"批评话语分析"随之增多（名嶋義直和神田靖子，2015）。譬如，以重启核电站、"安倍谈话"、政府内阁修宪等新闻事件为驱动，开展基于社会文化分析法（Socio‑Cultural Approach）、"话语—历史"分析法（Discourse‑Historical Approach）等的定性研究（名嶋義直，2018）。但借助语料库语言学的方法从事新闻话语研究，从研究对象、方法及范式上均存在很大的提升空间，这也是日语语言学界针对话语（discourse）研究相对滞后的客观表现。与此同时，语料库驱动的话语研究的结论同质化程度较高，多将中西方的报道差异一致归结于国家利益冲突，缺乏对社会历史背景及国民意识形态的挖掘。

本研究以日本三大主流报纸媒体当中有关"爆买"现象的新闻语料为数据源，自建小型专题新闻语料库，结合"文本—话语实践—社会实践"三维分析框架，从新闻标题、中心词搭配、索引行、语义生成及扩展等角度进行分析，揭示日本报纸媒体对"爆买"现象的话语构建方式及其对"中国赴日游客"群体形象的影响。

三 研究设计

（一）语料来源

本研究借助日本三大全国性报纸《每日新闻》、《读卖新闻》和《朝日新闻》的在线语料库，以"爆買い"为检索词，收集2015年1月至2018年12月期间，新闻标题中包含此检索词的新闻语料，共计401篇，合计306856字，作为"中国赴日游客与'爆买'现象专题"的一部分，置于"当代日本社会现象专题新闻语料库"之中（表4-1）。上述媒体是日本单日发行量最大的三份全国性报纸，足以代表日本媒体的声音，对日本新闻媒体中"爆买"现象的话语建构研究具有有效性。

表4-1　日本主流报纸"爆买"现象专题新闻语料库的语料来源

年份	朝日新闻	读卖新闻	每日新闻	合计（篇）	字数
2015	43	31	52	126	94,219
2016	62	46	59	167	130,150
2017	24	17	20	61	47,276
2018	17	12	18	47	35,211
合计	146	106	149	401	306,856

（二）研究流程

基于 Fairclough（1995a）的"文本—话语实践—社会实践"三维分析框架，即话语调节文本与社会之间的关系，本研究分三个维度讨论日本主流媒体对"爆买"现象的话语建构方式。具体研究流程如下：

（1）文本维度：根据"爆买"现象的不同发展阶段，借助语料库分析工具考察中心节点词"爆買い"的搭配词、索引行、高频词搭配网络等，描述"爆买"现象的话语构建方式及其与"中国赴日游客"群体形象的关联性；

（2）话语实践维度：分析"爆買い"这一新词在报纸中的语义产生、发展过程，解释文本与话语过程的关系；

（3）社会实践维度：讨论"爆买"现象形成及渐变的原因，揭示"爆买"现象话语建构背后所隐藏的社会实践因素，阐释话语过程和社会过程的关系。

四　"爆买"现象话语建构的文本维度

（一）"爆买"现象的三个报道阶段

新闻标题不仅仅是新闻语篇内容的高度浓缩，还涉及报道的取向和定位，传达新闻作者的报道意图，也为广大读者浏览报刊起着"向导"作用（赖彦，2009）。本研究首先尝试将"爆买"现象相关的401条新闻标题根据内容和主题按照积极、消极、中性进行情感色彩分类，并按新闻事件发展的时间顺序归类。分析发现，以每年春节前后报道相对集中的时期为界线，可以将"爆买"现象划分为"孕育形成期"、"波动调整期"和"渐变弱化期"三个阶段（表4-2）。

表4-2　　　　　　　　　　新闻标题的情感态度

时间	命名	积极	消极	中性
2015.1—2016.2	孕育形成期	48.4%	16.7%	34.9%
2016.3—2017.2	波动调整期	20.4%	45.1%	34.6%
2017.3—2018.12	渐变弱化期	6.5%	77.4%	16.1%

结果显示，2015年春节前后以中国赴日游客为代表的海外游客激增，"爆买"现象及其给日本经济带来的巨大提升效应成为了各大媒体报道的热点，"爆买效应（爆買い効果）"、"营业额增加（売上增）"、

"期待氛围（期待ムード）"、"最高利润（最高益）"等高频词占据新闻标题关键词的近半数，当年年底"爆买い"一词更是斩获"日本年度新语·流行语大奖"，这一期间可视为"爆买"现象的"孕育形成期"，新闻标题的情感态度以积极为主。2016年春节期间，海外赴日游客人数虽仍持增长态势，但旅游形式及消费方式日渐多元，新闻标题的高频关键词转变为"异常（変調）"、"多元化（多様化）"、"显著变化（異変）"、"间歇（一服感）"等，新闻标题的情感态度消极与中性相融合，"爆买"现象进入"波动调整期"。而2017年春节以后，连续两年的"爆买"相关报道数量锐减，不足前两年的1/2，且多以"急剧下滑（失速）"、"业绩恶化（業績悪化）"、"退却（去り）"、"收入和利润减少（減収減益）"等关键词来描述"爆买"现象热度减退对日本经济和企业产生的负面影响，消极情感态度所占比例高达77.4%，这一期间可视为"爆买"现象的"渐变弱化期"。

　　基于新闻标题的情感态度分析结果，围绕"爆买"现象的新闻报道呈现为"孕育形成"、"波动调整"和"渐变弱化"三个阶段，且其报道色彩呈现以积极为主、消极与中性融合、以消极为主的明显差异，这从一定程度上折射出日本媒体对"爆买"现象的态度变化。接下来，本研究将基于语料库语言学的分析方法，尝试理清不同阶段日本媒体对"爆买"现象话语建构方式的差异。

（二）"爆買い"的搭配词分析

　　搭配词分析可以发现习惯性地与特定词语相伴或共现的搭配，以此发现话语的内在意义（钱毓芳，2010）。语料库辅助的中心节点词典型搭配分析是研究话语塑造与形象建构的有效工具（潘峰和黑黥，2017）。本研究借助语料库分析工具KH Coder3.0生成"爆買い"的搭配词列表，并从中选取表征搭配强度的互信息值（MI3）大于6，且频率大于10的348个强搭配词。通过浏览对应语料，发现在三个不同发展阶段，中心词"爆买"的词汇搭配特征存在明显差异(表4-3)。

表 4-3　　　　　　　　　中心词"爆買い"的搭配词

NO	孕育期	MI3	词频	调整期	MI3	词频	弱化期	MI3	词频
1	効果/效果	15.53	37	失速/下滑	16.23	29	失速/下滑	15.28	16
2	中国人観光客/中国游客	14.53	85	中国人観光客/中国游客	15.68	94	訪日外国人/访日中国人	13.69	19
3	大量/大量	14.03	31	沈静化/沉静化	14.02	11	一服/停歇	13.39	9
4	期待/期待	13.69	39	一服/停歇	13.56	11	沈静化/沉静	12.20	6
5	話題/话题	12.52	11	需要/需求	13.48	54	鈍化/停滞	11.56	4
6	ブーム/热潮	12.07	15	減速/减速	13.41	46	勢い/势头	11.35	9
7	購入/购买	11.54	46	陰り/暗影	13.34	9	去る/退去	10.72	3
8	流行語大賞/流行语评选	11.41	15	勢い/势头	13.23	19	歯止め/刹住	10.72	3
9	取り込み/忙乱	11.20	16	鮮明/鲜明	13.12	15	訪日中国人/访日中国人	10.72	3
10	需要/需求	11.13	43	ガイド/导购	13.08	104	減収/减收	9.97	12
11	訪日中国人/访日中国人	10.94	12	変調/异常	13.05	11	ブレーキ/制止	9.56	2
12	対応/应对	10.85	35	鈍化/停滞	12.81	13	一巡/一周	9.56	2
13	観光客/游客	10.51	94	効果/效果	12.78	26	下火/衰微	9.56	2
14	外国人/外国人	10.46	178	訪日外国人/访日外国人	12.77	88	落ち着く/平息	9.50	7
15	まとめ買い/成批购买	10.44	17	不法/违法	12.43	17	訪日客/访日游客	9.43	34

"爆买"现象的"孕育形成期"内，日本三大主流报纸使用"大量购买（大量購入）"、"成批购买（まとめ買い）"、"热潮（ブーム）"等词来描绘"爆买"的盛况，表征以中国赴日游客为代表的访日游客们的超级购买力，但因购买数量过于庞大，其塑造的购物者形象略具侵略性；与此同时，由于"爆买"给日本经济，尤其是日本企业和零售业带来的巨大利好效应，从增设免税柜台、提供多语言服务、营造日式氛围等报道框架可以看出，这一时期，"爆买"群体是日本政府及企业积极服务的对象。不难发现，这一时期"爆买"作为经济热点事件出现于日本各大媒体，着重关注具有超凡购买力的庞大"爆买"群体给日本经济领域带来的积极效应，"中国赴日游客"是日本旅游经济发展的有力推动者。

2016年由于日元升值、赴日游客消费观念的转变及中国境内跨境电商业务的日渐发达，春节假期过后，"爆买"现象进入"波动调整期"，如表3所示，"急剧下滑（失速）"、"沉静（沈静化）"、"暗影（陰り）"等，MI3值大于13的强搭配词大量出现，描述购物热潮退去的词汇逐渐增多；与此同时，2016年3月起，中国籍导游因违反签证政策及劳动法而被起诉的"不法"事件占据了三大报纸的头条，"爆买"群体所引发的社会不和谐声音日渐凸显，媒体视其为与秩序井然的日本社会格格不入的不和谐社会群体，"爆买"与消极情感词的搭配频率和强度均明显增大。与此同时，这一时期"中国赴日游客"与"爆买"一词的搭配强度由2015年孕育形成期的14.53增加至15.68，二者的话语关联性增强。将"爆买"行为与"中国赴日游客"逐步对等，在社会冲突、资源争夺等负面新闻相结合报道时，侧面产生了"标签化"的媒介效应。

2017年春节以后日本媒体对"爆买"现象的报道，数量不足历年同期的一半，从"停歇（一服）"、"停滞（鈍化）"、"（退去）去る"等强搭配词来看，报道中心已然调整为"爆买"现象弱化的具体表现及其对日本经济造成的负面影响。如表4-3所示，在"渐变弱化期",围绕"爆买"现象的消极感情色彩词汇相对集中。这一分析与前文关于新闻标题分析结论基本一致。

(三)"爆買い"的索引行分析

作为语料库研究方法的核心,索引行(concordance)分析可以发现搭配词所不能揭示的主题和语言模式,从而发现隐含在文本底层的意义。而隐藏在话语底层的内在意义又与关键词的典型搭配词在其语境中营造出的语义氛围,即语义韵(semantic prosody)密切相关(卫乃兴,2002)。语言单位在多种语境中与反复多次共现的搭配词所共同具有的消极或积极的评价特征,逐渐感染了某个语言单位,使其呈现出某种评价特点。为分析日本媒体中积极报道、中性报道以及消极报道视角下的"爆买"现象,本研究借助语料库分析工具 KH Coder3.0 生成了本语料库中心词"爆买"的积极、中性以及消极报道的索引行(表4-4、表4-5、表4-6)。

表4-4　　　　　有关"爆買い"积极报道的索引行

1	日本らしい雰囲気を打ち出し、サービスを拡充するなど	「爆買い」	の歓迎ムードが高まっている。
	营造日式氛围,扩展服务等"爆买"的欢迎氛围高涨。		
2	訪日外国人旅行者の効果で、	「爆買い」	旅行者のお金の出入りを示す旅行収支が53年ぶりの黒字になった。
	依托访日外国游客带来的效益,"爆买"游客消费的旅游业收支时隔53年实现盈余。		
3	日本を訪れる中国人観光客による	「爆買い」	が利益を押し上げたとみられる。
	可见,访日中国游客的"爆买"提升了利润。		
4	商業施設は	「爆買い」	への期待を膨らませ、「春節商戦」が熱気を帯びている。
	商业机构对"爆买"的期待值逐渐膨胀,"春节商战"如火如荼。		

续表

5	中国人や韓国人の観光客らがドラッグストアで	「爆買い」	して<u>過去最高の売上高</u>だった。
	中国、韩国游客在药妆店"爆买",创造了史上最高营业额。		
6	家電や化粧品などを販売し、中国をはじめ外国人観光客の	「爆買い」	を<u>期待</u>している。
	售卖家电、化妆品等,十分期待以中国为代表的外国游客的"爆买"之举。		

如表4-4所示,日本媒体有关"爆买"现象的积极报道几乎都集中在商业和经济领域,通过描述日本商业界"欢迎"与"期待"之情,突出"中国特需"、"爆买特需"对日本经济的积极影响。具体来看,关于"爆买"现象的积极报道大体可概括为以下两个方面:首先,访日游客的超级购买力大幅拉动了日本旅游经济的增长,持续低迷的日本零售界迎来了"时隔53年的盈余(53年ぶりの黒字)",大型企业、百货、机场开创了"史上最高营业额(過去最高の売上高)","爆买"滋润了日本经济界,日本各界对"爆买"的持续发展充满期待;其次,日本政府及企业为迎合"爆买"浪潮,通过"营造日式氛围(日本らしい雰囲気を打ち出し)"、"充实服务内容(サービスを拡充)"等举措予以积极应对,体现了日本社会对"爆买"现象及其行为主体的欢迎之意。

表4-5 有关"爆買い"中性报道的索引行

1	<u>中国人観光客</u>などが帰国前に大量の家電を	「爆買い」	するのを取り込むねらいだ。
	旨在拉拢中国游客在回国前大量"爆买"家电。		
2	<u>高級ブランド品</u>を	「爆買い」	するほか、<u>薬や化粧品</u>のまとめ買いが目立った。
	除了"爆买"奢侈品,药品、化妆品的批量购买也引人注目。		

3	円安や免税制度の拡充により、	「爆買い」	と呼ばれるまとめ買いが目立った。
	因日元贬值和免税制度的完善，被称为"爆买"的批量购买行为令人瞩目。		
4	最近	爆買い	の変調の背景には、人民元安や中国の税制変更がありそうだ。
	最近，在"爆买"异常的背后，是人民币贬值和中国税制的变化。		
5	好業績の主因は円安と、	「爆買い」	に象徴される外国人客の旺盛な消費だ。
	好业绩的主要原因是日元贬值，以及"爆买"所象征的外国游客的旺盛消费。		
6	中国人がこのように	「爆買い」	をし始めた背景には、中国の経済発展が挙げられる。
	中国人如此开始"爆买"的背后，是中国经济的发展。		

如表 4-5 所示，日本媒体有关"爆买"现象的中性报道主要集中于对"爆买"现象的客观描述以及形成、变化的原因分析上。针对"爆买"现象的描述，以"高级奢侈品"、"医药与化妆用品"大量、成批采购的新闻事实，展现国外游客疯狂购物的盛况。关于"爆买"现象的成因，多集中于内在因素，包括"日元持续贬值"、"免税商品范围的扩大"、"签证政策的逐步放宽"、"日式服务的丰富内涵"等，这也充分展现了日本政府为实现至 2020 年赴日游客突破4000 万人这一目标所做出的努力。而中国富裕阶层"旺盛的购买欲望"和"中国经济的高速发展"被视为促成"爆买"现象的最直接外在原因。但是，进入"渐变调整期"后，"爆买"现象的弱化和消失却又被归咎于"中国经济减速"、"消费行为的变化"以及"中国强化关税管理"等外在因素。这种内、外因区分方式显然缺乏客观依据。在这一语义的熏染下，中国赴日游客无形中成为了"'爆买'

当代日本社会现象的话语建构研究

现象急剧退化的责任承担者"和"中国经济表象的缩影"。

表4-6　　　　　　有关"爆買い"消极报道的索引行

1	訪日外国人旅行者の	爆買い	の勢いが衰え、熊本地震の影響で九州地区での売り上げが減った。
	访日外国游客的"爆买"势头渐衰,九州地区的营业额有所减少。		
2	関西の景気を支えてきた外国人観光客の	「爆買い」	に急ブレーキがかかった。
	支撑着关西经济的外国游客的"爆买"出现了急刹车。		
3	小売業界の売上げを下支えしてきた中国人観光客らによる	「爆買い」	の減速が鮮明になってきた。
	支撑零售界营业额的中国游客的"爆买"减速明显。		
4	中国人が	「爆買い」	している中、習慣の違いやマナー違反などをきっかけにトラブルに発展するケースも出ている。
	中国人在"爆买"过程时,因习惯、礼仪不同而引发商业纠纷的情况也时有发生。		
5	今	「爆買い」	をしている中国人は「マナーが悪い」などと評判ですが…
	现在,虽然对"爆买"的中国人持"不守礼仪"的批判态度……		
6	入管難民法違反、同ほう助の疑いで書類送検された	「爆買い	ガイド」6人について、福岡地検は11日、不起訴とした。
	关于因违反出入国管理及难民认定法而被送检的"爆买导购"6人,福冈地检于11日决议不予起诉。		
7	ラオックス、不法就労容疑	「爆買い」	増で黙認か。
	LAOX 非法雇佣嫌疑,或因"爆买"增加被默许?		

　　如表4-6所示,日本媒体有关"爆买"现象的消极报道主要集中于以下三方面:一是通过"急刹车(急ブレーキがかかる)"、"势

— 64 —

头减弱（勢いが衰え）"、"减速明显（减速が鲜明になる）"等表达，描绘出不断衰退乃至消失的"爆买"势头，以及这种发展态势对日本经济的负面影响；二是呈现中国赴日游客群体与日本社会之间的各类冲突与矛盾，并将其归咎于"習慣の違い"（习惯的差异）、"マナーが悪い"（礼节差）等中日社会文化差异；三是对因违反《出入境管理及难民认定法》等原因而被"摘発"（揭露）、"起訴"（起诉）、"送検"（移送司法）等恶性新闻事件，从事资格外活动等"不法"新闻事件的集中报道。由此，"爆买"现象进入"渐变弱化期"之后，曾给日本经济带来巨大收益的"中国赴日游客"，在社会文化习惯冲突与违法事件的渲染下，站到了"和谐日本社会"的对立面。

五　"爆买"现象话语建构的话语实践维度

（一）"爆買い"一词的语义分析

日语"爆買い"一词是由表示程度的"爆○○"与表示动作行为的"○○買い"构成的新词，分析其语义产生和变化的过程，有助于理解"爆买"新闻语篇与话语过程的关系。

《广辞苑》中以"爆○○"作为接头词的词汇共有 43 个，大体可分为以"爆音"、"爆撃"、"爆竹"等为代表，与突然发出巨大声响的日语"爆"原意相关的词汇，以及以"爆笑"、"爆睡"为代表的比喻引申意，"爆買い"属于后者。这类用于突出后续动作程度的接头词，日语中还有"激○○"、"超○○"，多是起源于年轻人群的新词，后逐步融入日本社会的语言体系。另一方面，"○○買い"主要包括"大人買い"（小时候没能买的东西长大后有了一定的经济实力，终于实现了）、"清水買い"和"殿買い"（痛下决心买十分昂贵的东西）等，通常用于描述与日常购物不同的消费方式。语言符号受其所在的社会文化影响，会引起人们各种联想，从而也影响到词的感情色彩（陈燕萍，1998）。新词外译时，中国媒体借助"爆買い”一词中的日文汉字，将其直译为“爆买”，未凸显任何明显的情感色彩。但其英译形式，以《日本经济新闻英文版》为例，将其译为 shopping spree、heavy buying 或 buying binge 等，与中文的“疯狂购物”、“血拼”等意义相对应，明显具有不理性消费的消极语义。虽然合成词的词义不等于其语素意义的单纯相加，但不可否认，语素的意义对整个词的意义的构成起着不可忽视的作用（贾彦德，1992）。由上可见，从新词语义建构及外译的角度来看，造词之初日语“爆買い”一词具备了中性偏消极的语义特征。

（二）“爆買い”的语义扩展

为充分理解“爆买”的语义修饰作用，本研究还抽取了与“海外赴日游客大量购买日本产品和服务”这一原始语义以外的 41 篇新闻报道，基于内容分析的方法考察“爆买”一词的语义扩展情况。

分析发现，“爆買い”的语义逐步扩展至与中国相关的其他大量采购的行为中，譬如将“双 11”描写成“单身日疯狂购物节”（「独身の日 爆買いの日」）；将中国政府在海外的大规模投资或采购视为侵略性较强的行径，也用“爆买”予以描述，比如：2015 年中国和印度购买黄金、日本国债等举措，被媒体描写为借日元贬值大笔购入他国资产，谋取商业利益的“爆买”行为（朝日新闻，2015. 5. 1[2]），以及中国订购 300 架波音客机的正常商业行为也被视为“爆买”外交（读卖新闻，2015. 9. 25[3]）。同时，中国国内积极进行体育、经贸、科研等领域人才培养及实验室建设与投资的行为，也被描述为是对全球智力资源的“爆买”（读卖新闻，2018. 5. 3[4]）。

此外，此次收集的新闻语篇中，还有 7 处将“爆買い”用于描述日本国内的新闻事件，一篇是《每日新闻》批判安倍大量从美国购买先进武器（每日新闻，2017. 9. 7[5]），是一种很不理智的行为；另外两篇来自普通日本民众的投稿，分别为上班族爆笑川柳[6]合集

中的例子，将普通民众一次购买 3 罐啤酒揶揄为"爆买"（「本物の
ビール3 本わが爆買い」），或是将在百元店内的购物行为视为个人
的"爆买"（「百均で私の爆買い」），均是以一种自我揶揄、嘲讽
的语气描写自身的购买行为。

　　由此可见，"爆買い"一词的语义由形容以中国赴日游客的海量
购买，逐步扩展至了"双 11"、中国政府海外采购、全球人才竞争等
各个领域，且消极语义韵的特征日渐明显。日本媒体对"爆买"一
词的语义呈现出单一化、标签化的倾向。

六　"爆买"现象话语建构的社会实践维度

　　"爆买"现象的形成是多重因素共同作用的结果。从日本方面来
看，日本为振兴在"3·11 东日本大地震"中遭受重创的本国经济和
旅游业，于 2012 年开始实施"观光立国"计划，推出放宽签证政
策、扩大免税商品对象等一系列利好"观光政策"；另外，日本观光
旅游业所提供的高质量服务，以及 2011 年以来日元持续贬值等优势，
使得日本一时之间成为了华人海外旅游的热门。从中国方面来看，近
年来，中国经济持续发展，人民生活水平不断提高，国内商品的价
格、质量和服务水平逐渐难以满足相对富裕阶层以及年轻群体的消费
需求，随着消费观念和生活方式的转变，越来越多的中国人选择海外
旅游（刘尧飞等，2018）。经济学原理表明，收入水平往往决定消费
水平，在其他条件不变时，消费者的可支配收入与商品购买量成正比
关系。近年来，中国经济发展较快，GDP 不断增长，居民生活水平
提高，选择出境旅游的人越来越多，这是"爆买"现象产生的根本
原因。中国消费需求旺盛的中高收入群体不断扩大，客观上也推动了
赴日消费热潮的出现。

　　"爆买"现象的弱化和消退也是日本国内外双重作用的结果。
2016 年英国"脱欧"致使日元大幅升值，日元一度暴涨为仅次于美

元的第二大避险货币，再加上安倍自上台以来一直对华采取强硬态度伤害到了中国国民的感情，也对日本观光旅游业造成一定的冲击（董佳佳，2017）。另外，中国跨境电商的飞速发展让更多的中国人足不出户便可轻松购入海外产品；这也促使中国人海外游消费观念的逐步转变，个性化、多样化的"体验型"旅游需求日渐旺盛，不再纯粹以购物为主，体验外国文化、收获旅途乐趣成为更多人的出行目的，中国赴日游客的消费方式日渐理性，消费形态也更趋于成熟（邱书钦，2016）。再者，中国国内供给侧改革效果初显，刺激内需对经济的拉动作用日渐增强，国内需求增大，这也在一定程度上抑制了国外消费。

由此可见，"爆买"现象的出现及其发展变化是多重因素共同作用的结果。日本媒体单纯地将"爆买"现象的出现归功于政府及企业所做的努力，而把"爆买"的渐变和弱化的趋势归咎于中国经济的消退实为偏颇。中国经济发展增速放缓，并不意味着中国经济正在走下坡路，日本媒体却把中国赴日游客视为"爆买"趋势下滑的责任承担者，是中国经济衰退的表象，对中国经济走向存在明显的主观臆断。

七　结语

中国游客在海外"爆买"的现象已经成为全球一道亮丽的风景线，也是大多数国家争先恐后抢夺的商机。本研究从历时的视角探讨了日本主流报纸中"爆买"现象的话语构建方式及其对"中国赴日游客"形象建构的影响。

研究发现：（1）2015 年初至 2018 年底以"爆买"现象对日本经济和社会的影响为轴，可划分为"孕育形成期"、"波动调整期"和"渐变弱化期"三个不同阶段，新闻报道呈现"遵奉、中性、抵制"的报道倾向，态度差异明显；（2）作为"爆买"主体的"中国赴日游客",呈现第一阶段"日本政府及企业积极服务的对象"、"不理智的疯狂购物者",第二阶段"社会秩序的挑战者",第三阶段"'爆买'现象急剧退化的责任承担者"、"中国经济表象的缩影"等多元化、渐变式的形象特征;(3)日语"爆買い"一词的语义范围扩展至"双11"、中国政府海外采购、科技和体育领域的人才竞争等现象,标签化等消极语义韵特征日渐明显。

同时,"爆买"现象的出现及其发展变化实际是日本国内外多重因素共同作用的结果,然而在日本媒体涉华报道长期处于一种负面或消极的定式,呈现出"模式化、同质化"的特征,构建了不客观、不真实的"中国赴日游客"形象。

[注释]

[1] 为保证各个案例研究的完整性,关于批评话语分析及相关理论、框架的介绍即使与第一、二章综述部分略有重叠,也未完全省略。其他章节亦如此。

[2] いまこそ「金」投資円安、インド・中国が爆買い[N].朝日新聞,2015-05-01.

[3] 米で「爆買い」外交旅客機300機契企業幹部と「商談」[N].読売新聞,2015-09-25.

[4] 科技強国(3)世界の頭脳を爆買い(連載)[N].読売新聞,2018-05-03.

[5] 米から高額兵器爆買い安倍政権で"防衛費リボ払い"急拡大[N].毎日新聞,2017-09-07.

[6] "川柳"是日本传统的诙谐讽刺短诗,将日常生活中的所思所想用五・七・五(5个假名、7个假名、5个假名)的17音自由表达。"上班族川柳"(日语:サラリーマン川柳)多以自嘲自黑为主,以幽默的方式反映日本上班族辛酸的生存现状。

第五章　日本"捕鲸问题"的
话语—历史分析

2018 年 12 月日本政府以"退群"的方式结束了与国际捕鲸委员会围绕"调查捕鲸活动"的纷争，并时隔 30 年重启了"商业捕鲸"。本章结合批评性话语分析中的"话语—历史"分析法与"合法化理论"，分析日本政府就"捕鲸问题"发布的三份官方文件的互文性及话语策略，揭示"商业捕鲸"的合法化过程。研究发现：（1）围绕"捕鲸问题"，日本政府经历了"积极配合"到"强行退出"两个阶段，与国际捕鲸委员会的关系也实现了群内到群外的历时转变；（2）日本政府始终以"鲸食文化"与"海洋资源的可持续利用"为轴，推动"商业捕鲸"的合法化；（3）"退群"前后，文本间逐步实现了"权威策略"、"合理化策略"向"道德策略"的过渡。分析发现，日本重启商业捕鲸表面上是经济利益、传统文化以及生态保护的论证，实则是日本国内政治博弈的必然结果。

一　引言

2018 年 12 月 26 日，日本政府以内阁官房长官讲话的形式对外宣布退出国际捕鲸委员会，并于次年 7 月时隔 30 年重启了"商业捕鲸"。二战以来，日本一直奉行"国际协调"的外交政策，此前几乎没有退出主要国际组织的先例，此次"退群"举动实属罕见（庞中鹏，2019：23）。关于"退群"的原因，在重启"商业捕鲸"提案遭国际捕鲸委员会多次否决后，日本政府给出的说法是与国际捕鲸委员会在鲸类资源的可持续利用与保护方面的立场无法共存。而深层次原因在于，日本国内支持捕鲸的文化和政治基础坚实，且重启"商业捕鲸"与扩大日本海洋专属经济区息息相关（柳玲，2018：2）。围绕"捕鲸问题"，日本政府曾对外发布过三份官方文件，包括政府决议、法律和声明。那么，在这些官方文件中，日本政府是通过何种话语策略实现"捕鲸问题"合法化的呢？

本研究借助批评性话语分析中的"话语—历史"分析法，从历时的视角分析日本政府颁布的三份官方文件，解析日本政府将"捕鲸问题"合法化的过程。比较"退群"前后日本政府官方文本间的语言学特征，能够帮助我们更好地了解日本政府如何应对国际纷争。

二　国内外研究现状

（一）日本的"捕鲸问题"

日本"捕鲸问题"相关研究主要集中于生态保护、文化及法律诉讼等层面，国内外学者观点差异明显。日本部分学者从国际法及海洋资源的可持续利用层面，认为"调查捕鲸在国际法理层面是合法的行为"（長岡さくら，2009：53），"野生动物资源的可持续利用是世界性常识，'反捕鲸'缺乏科学依据"（石川創，2014：88），突出"调查捕鲸"以及"商业捕鲸"的合法性与合理性。而国内学者则认为，应充分尊重海牙国际法院和国际捕鲸委员会作为国际组织的权威性，"国际法院的判决对条约的解释、鲸类的国际保护乃至相关科学与法律问题的理论与分析都有了新的发展"（何田田，2015：95），并批判"捕鲸"是"糟粕性文化"，面对社会发展的现实需要应予以剔除（周暄明，2011）。

　　Kometer Stefanie（2019）和 Fahey（2019）均从鲸食文化角度分析了鲸肉在日本民族认同中具有的深刻象征意义，具有的强烈民族认同感。同时，日本的机构话语有助于宣扬民族主义言论，抵制所谓的西方帝国主义的倾向。Wold（2019）从法律角度提出国际捕鲸委员会成员可以根据《海洋法公约》控诉日本没有科学依据进行捕鲸以维护其权利。而 Yiallourides（2020）从相对客观的资源可持续发展的角度认为需要依据科学数据对捕鲸问题作出判断。同时也指出在国家之间存在因为政治因素致使其支持/反对捕鲸的现象。

　　"语言不仅是交际的工具，更是控制的工具"（Kress & Hodge，1979），语言结构可以"调节人的思想和行为"（Fowler，et al，1979）。批评性话语分析不仅是通过"描述"（describe）揭示意义，更要揭示意义是如何形成的，如何隐蔽地赋予某一特定的意识形态以特权，从而控制人们对社会和政治的评论。日本捕鲸不仅关乎生态保护和国际法，"退群"行为本身就是政治需求、经济利益、文化传统、外交博弈等多重因素共同作用的结果。批评性话语分析视角下的日本"捕鲸问题"研究，可以有效揭示"退群"背后日本政府的意识形态权力，了解日本政府的危机处理方式。

（二）"话语—历史"分析法

　　本研究主要采用批评性话语分析中的"话语—历史"分析法（Discourse-Historical Approach，DHA）。"话语—历史"分析法是由 RuthWodak 提出的语篇分析的研究范式，主张系统地综合各种历史资料，从内容、话语策略和文本的语言学表达形式三个向度对不同层面的话语进行剖析和阐释。"话语—历史"分析法的分析模式也分为三个向度或步骤：内容、话语策略和文本的语言学表达形式。内容向度是指确立所要研究的某一话语的具体内容或话题；话语策略向度研究文本中使用的各种策略（包括论证策略），它应用在交际的不同层面，是连接不同交际者的意图和实现形式的中介体；文本的语言表达形式向度则在语篇、句子和词汇各个层面上展开，探讨"原型"的语言学实现形式和语言手段。（Wodak & Meyer，2001）。"话语—历史"分析法在对话语阐释的过程中将历史看作一种话语结构，把语篇事件所嵌入的社会和政治场域背景以及历史资源整合，从主题、话语策略和语言形式三维视角观察潜在权力动态和范围（Wodak，2008：38；Wodak & Meyer，2016：31）。该分析方法的优势之处在于，强调语篇分析必须结合历史语境对社会现象进行深入剖析并作出解释；分析结果适用于解决社会生活中的具体问题；跨学科性使研究更加全面、具体。

Wodak & Meyer（2001：40）注重语境研究，将语境分为四个维度，即历史背景（宏观语境）、社会环境、篇际语境和篇内语境，其中历史背景需借助历史学角度分析，社会环境要依托社会学理论，篇际语境需要借助语篇语言学理论分析语篇之间的相互关系，而篇内语境注重描写和分析语篇的语言学特征，是最微观层面的分析。与 Fairclough 辩证关系分析及三维分析框架的研究路径不同，Wodak 的"话语—历史"分析法更注重从社会实际问题出发，在历时的语境中把握话语。

基于"话语—历史"分析法的批评性话语分析旨在解析话语中积极的自我表征和消极的他者表征，揭示话语构建群内（in-groups）和群外（out-groups）的意图，从而厘清政治话语的态度倾向（Wodak & Meyer，2001：73），主要围绕政治语篇展开，考察的重要途径之一是互文性分析（intertextual analysis）。互文性是指不同文本间的相互吸收和渗透，是"某语篇中出现的另一语篇的要素"（Fairclough，1992）。但互文现象所表现的不仅仅是一个语篇从另外一个语篇中"借"来的显性关系，还牵涉到话语群系之间的隐形关系。后者可称之为篇际互文性，指的是特定语篇中与一定机构和社会意义相关联的不同体裁、话语或风格的混合与交融（武建国，2012）。是文本与其他文本、身份、意义、主体以及社会历史现实之间的相互联系与转化之关系和过程（李玉平，2012）。围绕不同语篇间的篇际互文性分析，可同时兼顾语篇所展现的语言和社会的双重属性。

李菁菁（2017）曾运用"话语—历史"分析法分析过挪威首相在联大上的一般性演讲，研究发现文本间的互文现象有助于传递国家意识形态，构建国家形象。杨敏和符小丽（2018）将"话语—历史"分析法与语料库相结合，分析"希拉里邮件门"事件，发现美国主流媒体对该事件的建构经历了从群内到群外的历时转变。Graham 等（2004）采用"话语—历史"分析法来分析小布什宣告"反恐战争"重要性的话语策略。杨漪漪和柴红梅（2015）借助"话语—历史"分析法，揭示战后 70 周年"安倍谈话"中所蕴含的修正主义历史观。"话语—历史"分析法自身具有不可比拟的优越性，其最突出的特点是人类文化学的研究方法和语料的充分性。然而，国内相关研究语料主要集中于英文和中文，语种相对单一。从研究框架上，也过多依赖 Wodak & Meyer（2001）提出的"话语—历史"分析法的既有分析框架，对话语策略与社会变化的互动关系上缺乏足够的解释力。

（三）合法化理论

合法化（legitimation）是运用话语策略赋予事物合法性的话语实践（Martin-Rojo & van Dijk，1997）。批评性话语分析视角下的合法化是指基于社会道德规范与价值观，赋予事物合理性、正当性、恰当性的言语行为（Suchman，1995），凡是回答"为什么"这一问题的话语都属于合法化的范畴（van Leeuwen，2008）。合法化的话语研究多关注战争（林予婷和苗兴伟，2016）、移民（van Leeuwen & Wodak，1999）等有争议性的主题。基于合法化的话语分析有助于考察语篇隐藏的意识形态，揭示说话者如何巧妙地运用话语策略，赋予原本不公正、不道德的事物合法地位（Fairclough & Fairclough，2012）。在合法化过程中，话语发挥着中心作用。合法化蕴藏于语篇之中，其目的在于说服听众某一行为或者观点是合理的，是值得接受和承认的（龚双萍和张韧，2018：13）。

日本"捕鲸问题"是争议和分歧凸显的国际社会问题。面对反捕鲸国家的严厉批判、海牙国际法院和国际捕鲸委员会的不利判决，日本政府又是如何借助话语策略实现自我观点"合法化"的呢？本研究结合 van Leeuwen（2008）的"合法化理论"分析日本政府官方文本中所隐藏的合法化话语策略，探讨日本政府如何表达自身的立场态势，并分析其是如何构建与国际捕鲸委员会及反捕鲸团体的群内、群外关系的。

三　研究设计

（一）研究目的及方法

本研究首次尝试将 Wodak & Meyer（2001）的"话语—历史"分析法与 van Leeuwen（1995）的"合法化理论"相融合，以政府发布的三份官方文件为语料，分析日本政府是如何借助话语将"捕鲸问题"合法化的。

Wodak & Meyer（2016：95）认为，"话语—历史"分析法应避免理论与文本内容不匹配的现象，对于更加复杂的社会情况，应注重理论的系统化与细致化；另外，"话语—历史"分析法更偏向于宏观意义领域，研究者要在微观话语策略层面补充其不足。从事语篇分析时，将合法化理论融入话语策略分析，可以有效弥补"话语—历史"分析法解释力不足的缺陷，使基于"话语—历史"分析法的语篇分析框架更加系统、全面。

本研究的具体研究步骤为：第一步，通过关键词和高频词确立"捕鲸问题"官方文本的具体内容或主题；第二步，对"退群"前后官方文本进行互文性比较分析，揭示日本政府对国际捕鲸委员会态度的变化过程；第三步，基于合法化理论对各文本进行话语策略分析，揭示不同时期、不同文本间各类话语策略使用的差异及其与合法化的关联性。

(二) 研究语料

1986 年"禁止商业捕鲸"条例生效后，1988 年日本宣布终止商业捕鲸，但是日本一直打着"科学调查捕鲸"的旗号进行商业捕鲸。在澳大利亚起诉日本进行商业捕鲸后国际法庭于 2014 年做出了终止日本在南极调查捕鲸的判决，自此，日本开始一步步推进商业捕鲸的合法化进程。首先在国际法庭宣布日本败诉判决后，日本在国内迅速通过了继续进行调查捕鲸的决议，推进调查捕鲸的相关活动。但是商业捕鲸才是日本的终极目的，所以日本于 2017 年颁布了"为实施商业捕鲸的关于实施鲸类科学调查法律案"，为恢复商业捕鲸做实了法律铺垫。其后，于 2018 年向国际捕鲸委员会提出恢复商业捕鲸提案，但被否决，于是日本迅速在 2018 年年底宣布退出国际捕鲸委员会，并恢复商业捕鲸。

本研究选取其中三个关键时间节点作为分析语料（语料来源详见文末），分别为：

文本 1：2014 年 4 月调查捕鲸继续实施等に関する決議（关于继续实施调查捕鲸的相关决议，以下简称"决议"）；

文本 2：2017 年 6 月商業捕鯨の実施等のための鯨類科学調査の実施に関する法律案と提案理由（关于实施旨在实行商业捕鲸等的鲸类科学调查的法律及其提案理由，以下简称"法律"）；

文本 3：2018 年 12 月国際捕鯨委員会からの脱退についての菅内閣官房長官談話（关于退出国际捕鲸委员会的官房长官谈话，以下简称"退出声明"）。

南极调查捕鲸判决颁布后，日本商业捕鲸的合法化进程开始明晰起来。上述三个文本均是应对国际捕鲸委员会的关键政府文件，"决议"文本是对南极调查捕鲸判决的迅速应对文件，可以反映日本该

图5-1 日本"捕鲸问题"官方文本形成脉络图

阶段的态度走向；"法律"文本是从"调查捕鲸"过渡到"商业捕鲸"的一个法律铺垫，可以集中反映日本恢复商业捕鲸的坚决态度；而最后的"退出声明"文本当然就成了分析日本恢复商业捕鲸理由的必要政府文本。

本研究从历时的视角出发，以日本政府围绕"捕鲸问题"先后发布的"决议"、"法律（含提案理由）"及"退出声明"为轴，分析日本政府关于"捕鲸问题"的态度变化趋势。

四 分析结果与讨论

（一）"捕鲸问题"官方文本的主题

通过文本阅读及关键词分析，确立了三份"捕鲸问题"官方文本的具体内容及主题。"决议"文本共计1367字，按文本内容及出现顺序，共包含4大主题：鲸食文化、水产资源的可持续利用、反捕鲸国家或团体的干扰行为以及日本政府的责任与义务；"法律"文本共计6369字，包含4大主题：重启商业捕鲸、应对反捕鲸国家或团体干扰行为、海洋生物资源的可持续利用以及鲸文化及知识的普及；"退出声明"文本共计1034字，包含3大主题：退出国际捕鲸委员会、水产资源的可持续利用以及捕鲸文化。

针对日本"捕鲸问题"不同官方文本的互文性分析（图5-2）

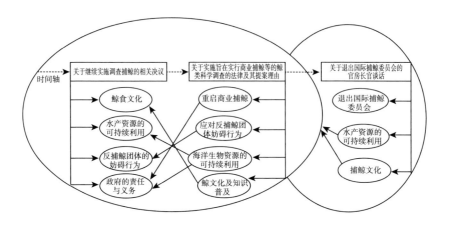

图5-2 日本"捕鲸问题"官方文本的互文性分析

发现，"保护日本的传统鲸食文化"及"海洋资源的可持续利用"贯穿三个文本，是日本推动重启"商业捕鲸"的传统文化和现实依据。同时，以退出国际捕鲸委员会为时间界限，"决议"和"法律"文本的主题重叠率极高，视捕鲸为一种"商业行为"，为其服务的"科学调查"是十分必要的，同时，将如何应对反捕鲸团体及国家的挑衅行为，与普及鲸文化、保护海洋资源的可持续利用等主题一道上升至"日本政府的责任和义务"。

（二）互文性分析

政治领域中的各种语体以及所设计的众多主题构成了话语与话语、文本与文本之间的相互联系的基础（Wodak，2008）。文本与文本之间以时间为轴，必然存在着某种继承、包含的关系。而语篇间的互文性分析，重要的不是指出语篇内有多少互文性的表现特征，而是在于揭示语篇中那些互文性结构背后所隐藏的意识形态意义和社会权力关系（辛斌和赖彦，2010：33）。

"话语—历史"分析法视角下日本"捕鲸问题"的互文性分析框架如图5-2所示，左侧椭圆内"决议"和"法律"文本在"鲸食文化"、"海洋水产资源的可持续利用"、"（应对）反捕鲸国家的干扰行为"和"日本政府的责任与义务"四个主题上相互重叠，右侧椭圆内"退出声明"文本在"海洋资源的可持续利用"与"捕鲸文化"两个主题上与"退群"前的文本存在明显的主题重叠，是继承关系。本研究以日本"退群"为节点，重点对退出国际捕鲸委员会前后的语篇进行互文性分析。

首先，"退群"之前，日本政府一直积极努力谋求国际捕鲸委员会及反捕鲸国家和团体的理解与支持，寄希望在"可持续利用海洋资源"的前提下，恢复"商业捕鲸"。如图5-2左侧椭圆中的主题所示，"决议"和"法律"文本在"鲸食文化"、"水产资源的可持续利用"、"反捕鲸团体的干扰行为"、"日本政府的责任与义务"这四个主题上存在主题重叠与包含关系。

"鲸食文化"主题在"决议"和"法律"文本中反复出现。"决议"中明确指出，国际法庭否决日本南极海域捕鲸的判决势必会对日本的捕鲸传统和食鲸文化产生巨大影响。而在"法律"文本中，进一步将"捕鲸"定位为日本的传统和文化，对于继承鲸类等传统饮食文化是极其重要的。日本政府以国内法的形式为保护鲸食传统文化以及开展调查捕鲸提供了法理依据，与此同时，又强调所有调查捕鲸的活动都是基于《全球禁止捕鲸公约》开展的。从"保护国家传统文化"和"国际法"两方面突出了"商业捕鲸"的合法性。

"海洋水产资源的可持续利用"主题上，在"决议"文本中将该主题视为推行"捕鲸调查"的目的，而在"法律"文本中又将其视为恢复"商业捕鲸"的具体目标。两个文本在"海洋水产资源的可持续利用"这一目的主题上一脉相承。这不是偶然的主题重合，两者叠加出现弱化了通过"商业捕鲸"攫取经济利益和海洋领土资源的目的。

"反捕鲸团体的干扰行为"主题上，"决议"文本中将反捕鲸团体的干扰行为视为国际法禁止的"海盗行为"，是在侵害日本国民的身体健康和财产安全。而在"法律"文本中又大篇幅介绍了日本政府应该如何应对反捕鲸团体的干扰和妨碍调查捕鲸的行为，如：对调查实施主体进行援助、派遣政府官员等。在"决议"文本中列举反捕鲸团体具体干扰行为的基础上，"法律"文本中则以正式法律文件的形式明确了具体应对措施，二者间明显存在着继承的互文关系。日本政府将反捕鲸团体的干扰视为"海盗行为"，为保护本国国民及财产，不得已才以法律的形式予以应对。在非法的"海盗行为"与合法保护国民利益的对抗语境中，实现了"商业捕鲸"的合法化。

"日本政府的责任与义务"主题上，"决议"文本将捕鲸相关调查视为国家的责任与义务，理应由国家提供稳定的财政支援；同样，"法律"文本也与之呼应提出制定相关法律予以保障的必要性。围绕"捕鲸问题"，政府的责任与义务由"提供稳定的财政和人员支持"等人力、物力层面，上升到了"法律保障"的立法层面，为日本后来退出国际捕鲸委员会提供了法理层面的依据。

其次，再来比较一下"退群"前后互文现象的变化。"退出声明"文本共包含3个主题："退出国际捕鲸委员会"、"水产资源的可持续利用"以及"捕鲸文化"。日本政府始终坚持主张"捕鲸"是在保护日本传统文化，"调查捕鲸"是为了更好地利用水产资源，这两大主题也贯穿三份官方文件，主题上存在明显的主题互文关系。但是，"退出国际捕鲸委员会"的官房长官谈话中曾指出，鲸鱼的资源十分充裕，但国际捕鲸委员会却只重视资源保护，避谈资源的合理化利用，日本政府依据国际法为保护全球海洋资源所做的努力完全被无视了。与此同时，又指出，作为国际组织，国际捕鲸委员会未能充分履行重新讨论是否应重启商业捕鲸的义务。由此可见，"退群"前日本政府从文化和法律两个层面积极争取国际捕鲸委员会的理解与支持，寄希望与其建构群内关系；而决定"退群"后，逐步将国际捕鲸委员会与反捕鲸团体对等起来，在"退出声明"中彻底将国际捕鲸委员会推向了对立面，关系转向群外，评价态度也发生了彻底的转变。

分析三份文本间的互文性可见，"鲸食文化"与"海洋资源的可持续利用",即保护本国传统文化、通过"捕鲸调查"服务国际社会这两大主题贯穿始终,以此强调自身在"捕鲸问题"上的合理性与合法性。但在"退出声明"文本中不再涉及日本政府在"调查捕鲸"上所要承担的"责任与义务"主题,将国际捕鲸委员会视为"反捕鲸团体",在鲸类海洋资源充足的情况下只重视保护而忽略有关可持续利用的讨论,是缺乏科学精神的表现。指责国际捕鲸委员会未履行其讨论"重启商业捕鲸"的义务,是日本被迫退出国际组织的直接责任人,实际是对国际捕鲸委员会这一公认国际组织的去合法化过程。

(三) 话语策略比较

每一个当权者都想要自己的信条合法化,语言毫无疑问是合法化的重要媒介(Berger & Luckmann, 1996)。2014 年被勒令停止在南极海域"调查捕鲸"后,日本一直寄希望在"商业捕鲸"问题上获得国际捕鲸委员会的认可。本节借助 van Leeuwen(2008)的合法化理论分析框架(表5-1)识别并统计了有关"捕鲸问题"官方文本中各个话语策略的使用情况,并以此探讨日本政府在"捕鲸问题"上与国际捕鲸委员会建构的群内、群外态度的变化。"合法化理论"可充分弥补"话语—历史"分析法微观话语策略层面解释性理论不足的局限,两者的融合丰富了批评话语分析视角下的话语—历史研究范式,使其更加系统、全面。

表5-1　　　　合法化理论分析框架 (van Leeuwen, 2008)

合法化	具体手段	
权威策略	习惯	顺从
		传统
	权威	个人
		非个人 (客观)
	推荐	专家
		模范

续表

合法化	具体手段	
道德策略	评价	
	抽象化	
	比较	积极、消极
合理化策略	工具型	目标定向
		方法定向
		效果定向
	理论型	经验、科学、定义、解释、预测
寓言讲述策略	道德故事	—
	警示故事	
	单因素决定	
	多因素决定	转化
		象征

如表 5-2 所示，文本中主要使用的是"权威策略（Authority）"、"道德策略（Moral）"和"合理化策略"（Rationalization），下文将主要就上述三种话语策略及其具体语言手段展开分析。

表 5-2　　　　　三个文本中主要话语策略的使用情况

分类	权威策略			道德策略		合理化策略
	顺从	传统	非个人（客观）	积极评价（对日本）	消极评价（对国际捕鲸委员会）	目标定向
文本 1	1	11	2			4
文本 2	1	7	3	24	7	3
文本 3	1	1	6			0

1. 权威策略

权威策略主要体现为"顺从（Conformity）"、"传统（Tradition）"、"非个人（客观）（Impersonal）"三种话语手段。

在回答"为什么这样做"之问题时，"顺从"是指因为每个人或大多数都这么做，所以我才这么做；"传统"是回答我们经常这样做，是出于我们的文化或习惯；"非个人（客观）"是回答因为某项规则，某种法律要求这么做，所以我才这么做（van Leeuwen, 2008：108）。日语语言形式上，"顺从"话语手段表征为"貢献（贡献）/寄与（有助于……）"等包含有为社会或人类给予积极作用的具体语言装置；"传统"可以通过"伝統（传统）/文化（文化）/固有（固有）"等表示习惯或文化意义的词予以识别；"非个人（客观）"则可以表征为"…を踏まえ/…に従い/…とおり/…に基づく"等表达根据某种基准进行某动作等具体语言形式（友松悦子等，2010：87—96）。

(1) "世界が求める海洋水産資源の持続的利用等に貢献するため、左記事項の実現を期すべきである。"（为了能为全球所追求的海洋水产资源的可持续利用做出贡献，寄希望实现下列事宜）。

（"决议"第三段第一句）（笔者译，下同）

本句为"决议"文本中出现的表示"顺从"的话语手段，日本政府在"决议"和"法律"文本中，将"调查捕鲸"的目的设定为"服务于海洋水产资源的可持续利用"，即将自身国家利益置于全球海洋资源利益之中，达到决议提案合法化的目的。

(2) "我が国固有の伝統と文化である捕鯨が否定されたわけではない。"（并非否认捕鲸作为我国固有的传统文化。）

（"决议"第一段第二句）

本句为"决议"文本中出现的表示"传统"的话语手段。捕鲸自古以来就是日本的固有传统和文化，并非为了追求经济利益或争夺海洋资源，从历史和文化的角度谋求国际捕鲸委员会的理解与支持，实现其捕鲸的合法化目的。

(3)"本判決で判示された基準を踏まえ……"（根据本判决的判决基准……）。

（"决议"第七段第一句）

本句为"决议"文本中出现的表示"非个人（客观）"的话语手段，"南极捕鲸调查"及其调查方案的修订是依照国际法庭裁决的基准进行的，是符合国际法的，从法律层面强调捕鲸的合法性，亦是寄希望从法律层面争取国际捕鲸委员会支持和理解的语言学表征。

比较"退群"前后，权威策略下"传统"话语手段在三个文本中的出现次数呈递减趋势，依次为11次、7次、1次。"顺从"在三个文本中各出现1次，而突出客观性的"非个人（客观）"的使用逐步增多，依次为2次、3次、6次。即"退群"前，日本政府从保护本国传统文化、依据国际法开展捕鲸调查、作为国际捕鲸委员会成员国为全球海洋资源可持续利用做出贡献等角度，谋求国际捕鲸委员会对日本重启"商业捕鲸"的理解与支持。而决定"退群"后，政府的决策依据由"国际法院的判决"和"国际捕鲸委员会的条约"转变为"以科学依据为基础"，谋求国际捕鲸委员会理解与支持态度的弱化。

2. 道德策略

道德策略主要表现为文本中的"评价"（Evaluation）。在语篇中，形容词会赋予某种行为或者事物以某种价值（称赞或批评），体现评价的指向性和归属性。"评价"是指通过使用明确带有指向性，包含意识形态的词对事物进行正面或者负面的评价以达到合法化的目的（van Leeuwen, 2008：110）。日语中，可以通过带有明确评价意义的形容词、形容动词及其对应的副词形式予以解读（樋口文彦，2001：44；八亀裕美，2003：15）。

(4) "しかしながら、近年、反捕鯨団体による<u>過激な</u>妨害活動
により調査の実施に支障が生じ、また、国際司法裁判所
の南極における捕鯨訴訟において我が国にとって<u>厳しい</u>
判決が出されました。"（但是，近年来，由于反捕鲸团体
<u>过激</u>的干扰活动对（捕鲸）调查的实施制造了障碍，另外，
国际法院对我国关于南极捕鲸诉讼做出了<u>严厉</u>的判决。）

（"法律"第四段第一句）

本句是"法律"文本中表示"评价"话语手段的示例，其借助"過激な"（过激的）、"厳しい"（严厉、毫不留情的）等在日语中带有明确指向性的形容动词和形容词，对反捕鲸团体和国际法院的裁决予以强烈批判，突出日本受到了极其不公正的待遇。

对反捕鲸国家论述中，消极"评价"贯穿于三份文本中，共出现7次。而围绕与国际捕鲸委员会关系的论述中，对于日本自身的行为动作，三份文本中共运用表达"安定的かつ継続的に実施"（稳定且持续地实施）、"真摯に反省"（真诚反省）、"早急に対応"（紧急应对）等积极"评价"24次，而对国际捕鲸委员会行为的消极"评价"从无到有，7次运用中"退出声明"中占6次。由此可见，随着重启"商业捕鲸"事件的发展，日本政府主导的对外文本中针对国际捕鲸委员会的消极评价增多，通过陈述自己所遭受的不公，逐步将国际组织国际捕鲸委员会推到了反捕鲸国家的队列，实现了群外关系的历时性建构。

3. 合理化策略

合理化策略中主要体现为"我做 A 这件事是为了 B"这一"目标定向"（Goalorientation）的话语手段（vanLeeuwen，2008：113）。在语言形式上，可以通过表达主观目的的"ために"和"ように"等语言装置予以识别（梅冈巳香和庵功雄，2000：103）。

> (5)"鯨類捕獲調査が有する各般にわたる重要な意義に鑑み、世界で唯一、その科学的手法及び体制を有する我が国の責務を果たすため、今後とも継続実施すること。"（鉴于鲸类捕获调查的各项重要意义，为了能够履行世界唯一拥有相关科学手段和体制的我国的责任和义务，决定今后继续实施。）
>
> （"决议"第四段第一句）

本句是"决议"文本中出现的表示"目标定向"的话语手段。例 5 将日本视为世界上唯一一个在调查捕鲸方面拥有科学手段和体制保障的国家。为了能够更好地履行自己的职责，才实施的"调查捕鲸"，通过科学技术及体制层面的唯一性来凸显其合法化。

"决议"文本中运用了 4 次"目标定向"，"法律"文本中出现 3 次，"退出声明"文本中未出现。这说明后期日本不再积极主动谋求国际捕鲸委员会的理解与支持，态度也转变为消极，渐渐把国际捕鲸委员会推向对立面。

纵观三份官方文件，为实现"实施调查捕鲸"和"重启商业捕鲸"的合法化目的，"退群"前后，话语策略使用上有明显变化。这与上述分析的互文性主题也是相呼应的。围绕重启"商业捕鲸"问题的博弈，日本政府与国际捕鲸委员会之间的关系也逐步实现了由群内到群外的历时转变。"退群"前，主要运用了"顺从"、"传统"等话语手段，表现出日本政府积极向国际捕鲸委员会靠拢，努力争取其理解与支持的姿态。但随着双方博弈的不断深入，将国际捕鲸委员会推向对立面的消极"评价"语言资源的使用增多，日本政府开始寻找重启"商业捕鲸"的替代方案。"退群"后，"传统"话语策略急剧减少，且对国际捕鲸委员会消极评价词汇的使用频次上升。"非个人（客观）"的依据由其作为国际社会一员所一贯坚持的"国际捕鲸委员会条约或国际法院判决"，转变为"科学"与"传统"等客观因素。日本政府对国际捕鲸委员会的关系经历了由积极争取到激进批评的态度转变，两者关系的建构也经历了由群内到群外的历时转变。这种转变主要归因于日本政府根据不同时期事态发展的需要而采取的不同的话语策略，凸显了日本政府应对国际纷争时政治立场和意识形态的转变。

五　讨论

通过话语—历史分析法（DHA）对三个政府文本进行分析，本研究从历时的角度分析出日本对国际捕鲸委员会（IWC）由群内到群外的转变过程，群内阶段日本强调本国的合法化，过渡到群外阶段后在强调本国的合法化的同时又突出了国际捕鲸委员会的去合法化。从而确立了日本关于恢复商业捕鲸的话语变迁。

话语—历史分析法的一个最显著的特点是，采用不同的方法，基于各种经验数据和背景信息（Wodak et al.，1998；Wodak et al.，1999）。在调查历史、组织和政治主题和文本时，话语—历史分析法试图整合大量关于历史来源和嵌入话语"事件"的社会和政治领域背景的现有知识。此外，它还通过探讨特定类型的话语变化的方式来分析话语行为的历史维度（Wodak，1996），以便能够解释所谓的语境。本研究通过话语历史的角度在一个开始重建合法化的过程中，把捕鲸历史作为一个无缝，不间断的整体来把握。

捕鲸问题是个复杂的问题。本研究第四节中的互文性与话语策略分析部分表明，日本在国际立场上一直在经济、文化、资源的可持续利用角度进行自我申辩。然而在日本国内的社会大背景下，政治领域的历时性变迁同样不容忽视。

在以往的关于日本捕鲸的先行研究中，除关于鲸食文化，资源保护，法律等角度的分析之外，日本学者 Hirata（2005）曾指出，支持日本捕鲸的团体和组织对政府的决策具有绝对控制权。Kometer Stefanie（2019）以及 Fahey（2019）均有提及日本支持重启商业捕鲸是受日本国内政治因素的影响，利于激起国内民族主义倾向以及所谓反对西方霸权主义倾向。但均对日本国内具体的政治背景的历时性变化未进行详细说明。本研究尝试在话语分析的基础上，整合关于捕鲸的政治背景与话语分析所得出的语境，构建一个无缝连接的语境，来更加全面地解释日本捕鲸问题。

在捕鲸问题上，日本政府一直支持捕鲸的立场没有动摇过。其根本原因是日本的水产省以及自民党捕鲸议员联盟占有绝对的话语权。但是，安倍政权的外交政策之一是"尊重法律的支配"。身为国际捕鲸委员会成员之一的日本，服从了关于"停止继续进行调查捕鲸"的判决。在判决下达后，自民党捕鲸议员联盟主席铃木俊一及其顾问二阶俊博、日本官房长官表示服从判决并会研读判决内容，重新制定计划，反省存在的问题。随后向安倍提交了重启调查捕鲸的决议文（朝日新闻，2014.4.4[1]）。水产厅同样表示会服从判决，并提出现在日本可以通过充分理解判决内容，重新获得调查捕鲸的许可。所以接下来一年会重新研讨捕鲸计划内容，提交给国际捕鲸委员会（读卖新闻，2014.4.3[2]）。2017 年在自民党捕鲸议员联盟的主导下，制定了"鲸类科学调查实施法"包含了关于财政对调查捕鲸的支持以及应对反捕鲸团体的妨碍行为的相关规定（朝日新闻，2017.7.14[3]）。由此可见，在"决议"文本和"法律"文本时期，日本在整个政治领域的大背景下，是在积极地为重启调查捕鲸而努力，与前文分析的在话语领域积极与国际捕鲸委员会构建群内关系是相呼应的。

但是在 2018 年 9 月日本提交重启商业捕鲸提案被否决后，日本政治领域的导向发生了巨大转变。自民党捕鲸议员联盟联合水产厅向政府提出"应该考虑退出国际捕鲸委员会"，和歌山地区干事长二阶俊博也提出"最好组成国民议员组织对国际捕鲸委员会进行抗议"等意见，希望政府坚持重启商业捕鲸的立场（朝日新闻，2018.12.21[4]）。随后的 12 月份，日本通过官房长官的官方声明宣布退出国际捕鲸委员会。可见在"退出声明"文本时期日本在政治领域已将国际捕鲸委员会视为群外组织。

前文话语分析部分的群内群外关系构建是由本节的政治领域的大背景所决定的。由此可见，在日本政府宣扬捕鲸合法化时声称的鲸食文化，资源的可持续利用等角度都是由政治这个根本原因在背后起着主导作用。日本政府背后的整个政治链条与捕鲸有着千丝万缕的关系。

日本政府站在统治者的立场，在发布官方文本时，不会客观陈述事实，一定会带有利己的情感态度，并且在文本中一直使用"我国"、"我国人民"等表现出代表整个日本民众态度的词汇，但这是否真的是民众舆论的结果还有待商榷。而民众作为文本的消费者，会被文本中暗含的情感态度引导，从而间接帮助政府完成其政治目的。并且国际社会对日本严苛的批判，也会激起国内的民族主义情感，形成反对西方国家的语境。本研究所涉及的捕鲸问题当中，日本政府就是通过一系列合法化策略帮助民众内心中形成"捕鲸合法化"的语境，从而最终实现了退出国际捕鲸委员会和恢复商业捕鲸的目的。

六 结语

本研究从历时的视角，分析了日本政府如何借助不同语篇间的互文关系及话语策略将"捕鲸问题"的合法化过程。研究发现：

（1）"鲸食文化"与"海洋资源的可持续利用"两大主题贯穿三个文本，主题的叠加弱化了通过"商业捕鲸"攫取政治资本、经济利益和海洋领土资源的深层目的，从文化和资源两个层面推进了重启"商业捕鲸"的合法性；（2）围绕"捕鲸问题"，日本政府经历了"积极配合"到"强行退出"两个阶段，与国际捕鲸委员会的关系也实现了群内到群外的历时转变；（3）合法化话语策略的分析表明，"退群"前后，不同文本间逐步实现了"权威策略"、"合理化策略"向"道德策略"的过渡。分析表明，日本重启商业捕鲸表面上看是经济、文化、生态成为论辩的重点，实则是日本政府利用合法话语唤起民族主义情结，抵制西方所谓的"霸权主义"来背景化日本国内政治博弈的必然结果。

本研究基于日本"捕鲸问题"的话语分析实践证明，"合法化理论"可充分弥补"话语—历史"分析法微观话语策略层面解释性理论不足的局限，两者的融合丰富了批评性话语分析视角下的话语—历史研究范式，使其更加系统、全面。同时，实证分析表明，将文本背后隐藏的历史背景与文本话语进行融合思考，即把分析文本"情景化"，有助于解决话语分析研究范式所选语料片面、局部的弊病，从而更加全面地找出事件的根本目的以及隐藏于事件背后的意识形态意义。但本研究仍是基于少量文本的定性分析，未来的"话语—历史"分析法研究可考虑结合语料库的定量方法，在篇际互文分析的基础上，通过索引行和搭配分析考察具体的话语策略及其语言实现形式。

[注释]

[1] 調查捕鯨再開への取り組み、自民議連が首相に要請［N］．朝日新聞，2014-04-04．

[2] 調查捕鯨 年内断念へ 水産庁長官発言 国際司法裁判決で［N］．読売新聞，2014-04-03．

[3] 「商業捕鯨目指す」新法報告 議員が背景など説明 NGO 主催［N］．朝日

新聞，2017-07-14.

［4］商業捕鯨、いばらの道 IWC 脱退調整、自民議連が主導［N］．朝日新聞，2018-12-21.

语料来源

［1］2014 年 4 月調査捕鯨継続実施等に関する決議（关于继续实施调查捕鲸的相关决议）http：//www. shugiin. go. jp/internet/itdb ＿ rchome. nsf/html/rchome/ Ketsugi/nousuiC01748BAC234F70A49257CBC00127DFF. htm

［2］2017 年 6 月商業捕鯨の実施等のための鯨類科学調査の実施に関する法律案と提案理由（关于实施旨在实行商业捕鲸等的鲸类科学调查的法律及其提案理由）http：//www. shugiin. go. jp/internet/itdb＿ housei. nsf/html/housei/19320170623076. htm（法律）；http：//www. shugiin. go. jp/internet/itdb＿ kai-giroku. nsf/html/kaigiroku/000920020191203009. htm（提案理由）

［3］2018 年 12 月国際捕鯨委員会からの脱退についての菅内閣官房長官談話（关于退出国际捕鲸委员会的官房长官谈话）https：//www. kantei. go. jp/jp/tyokan/98＿ abe/20181226danwa. html

语料 1：

調査捕鯨継続実施等に関する決議（案）

本年三月三十一日、国際司法裁判所が、「南極における捕鯨」訴訟の判決において、我が国が実施している南極海鯨類捕獲調査事業を鯨類捕獲調査の根拠である国際捕鯨取締条約（以下、「条約」という。）第八条一の範囲に収まらず、許可証を取り消し今後の発給を差し控えるよう命じたことは、誠に遺憾である。一方で、本判決は、右事業を科学的調査と認めた上で、科学的調査における致死的手法の使用自体は禁じておらず、我が国固有の伝統と文化である捕鯨が否定されたわけではない。

本判決の内容は、我が国の捕鯨政策はもとより、鯨類調査研究、鯨肉流通関係並びに全国各地域に伝わる我が国の伝統である鯨食文化等に極めて甚大な影響を及ぼすものである。また、シー・シェパードなどの過激な反捕鯨団体による、極めて危険な海賊行為が、あたかも正当化されるかのような印象を全世界に与えかねず、こうした判決に至ったことについて政府の責任は極めて重い。

　よって政府は、引き続き、世界が求める海洋水産資源の持続的利用等に貢献するため、次の事項の実現に万全を期すべきである。

　　一　鯨類捕獲調査が有する各般にわたる重要な意義に鑑み、世界で唯一、その科学的手法及び体制を有する我が国の責務を果たすため、今後とも継続実施すること。

　　二　政府は、本判決に至った原因について真摯に反省するとともに、今後、調査捕鯨に関し新たな国際裁判を提訴されることのないよう、外交手段を駆使すること。

　　三　第二期南極海鯨類捕獲調査（JARPAII）に代わる次期捕獲調査計画の早期策定に向け、万全の準備態勢を整えること。

　　四　本判決で判示された基準を踏まえ、来季以降の南極海鯨類捕獲調査がその目的を達成する上で合理的であると認められるものとするため、非致死的調査の利用可能性に関する分析、目標サンプル数の算出プロセスの明確化及び科学的成果の充実等について、必要な予算を確保し、早急に対応すること。また、その成果を元に調査計画を変更した上で、調査を継続実施すること。

　　五　調査捕鯨の副産物である鯨肉については、条約の趣旨に従い、従来通り適切に流通させること。また、学校給食を始めとする鯨肉販売の公益枠については、割引販売を継続実施するとともに、鯨肉流通関係者に不安が生ずることのないよう万全を期すること。

　　六　シー・シェパードなどの過激な反捕鯨団体による危険な妨害行為は、昨年二月に米国高裁が認定したとおり、国際法の禁じる「海賊行為」であり、我が国国民の身体及び財産を侵害する行為として断じて容認できない。政府が妨害行為への対策を怠ってきたことが、計画に対する実際の捕獲頭数が減少することにつながり、ひいては本判決において目標サンプル数と捕獲頭数との乖離を指摘され、目的達成上の合理性を欠くことの論拠となっている。政府は、そのことを十分に自覚した上で、調査捕鯨の船団や乗組員の安全確保に責任を持つこと。

　　七　副産物収入で調査研究費をまかなう枠組みによる調査継続には限界
があることから、国の責務として調査捕鯨を位置付け、国による安定的な財
政支援を行うこと。

　　八　捕鯨が我が国固有の伝統と文化であることに鑑み、今後における我
が国捕鯨政策については、条約からの脱退を含むあらゆるオプションを実行
する決意をもって策定し、強力に推進すること。

　　右決議する。

语料 2：
商業捕鯨の実施等のための鯨類科学調査の実施に関する法律
法律第七十六号（平二九・六・二三）

　　（目的）

　　第一条　この法律は、鯨類は重要な食料資源であり、他の海洋生物資源
と同様に科学的根拠に基づき持続的に利用すべきものであるとともに、我が
国において鯨類に係る伝統的な食文化その他の文化及び食習慣を継承し、並
びに鯨類の利用に関する多様性が確保されることが重要であることに鑑み、
商業捕鯨の実施等のための鯨類科学調査に関し、基本原則を定め、及び国の
責務を明らかにするとともに、基本方針及び鯨類科学調査計画の策定、実施
体制の整備、妨害行為の防止及び妨害行為への対応のための措置その他の鯨
類科学調査を安定的かつ継続的に実施するために必要な事項等を定め、もっ
て商業捕鯨の実施による水産業及びその関連産業の発展を図るとともに、海
洋生物資源の持続的な利用に寄与することを目的とする。

　　（定義）

　　第二条　この法律において「鯨類科学調査」とは、鯨類を適切な水準に
維持しながら持続的に利用するための科学的情報を収集することを目的とし
て行う鯨類に関する科学的な調査であって、鯨類の捕獲その他の方法により
行うもののうち、この法律の定めるところにより実施されるものをいう。

　　2　この法律において「妨害行為」とは、鯨類科学調査又はこれに必要な

当代日本社会现象的话语建构研究

物資の輸送その他の鯨類科学調査と密接に関連して行われる行為を妨害する行為をいう。

（基本原則）

第三条　鯨類科学調査は、次に掲げる基準の全てに適合し、かつ、原則として鯨類の捕獲を伴って実施されるものとする。

一　主として商業捕鯨の実施のための科学的知見を得ることを目指して実施されること。

二　我が国が締結した条約その他の国際約束及び確立された国際法規に基づき、かつ、科学的知見を踏まえて実施されること。

三　必要な研究成果が得られるよう、調査の結果については十分な分析及び研究が行われ、それにより得られた研究成果は広く公表されること。

四　必要に応じて国内外の鯨類に関する調査研究機関と連携を図りながら実施されること。

（国の責務）

第四条　国は、前条に定める鯨類科学調査についての基本原則（以下「基本原則」という。）にのっとり、鯨類科学調査を安定的かつ継続的に実施するための施策を総合的に策定し、及び実施する責務を有する。

（基本方針）

第五条　政府は、基本原則にのっとり、鯨類科学調査を安定的かつ継続的に実施するための基本的な方針（以下「基本方針」という。）を定めなければならない。

2　基本方針においては、次に掲げる事項を定めるものとする。

一　鯨類科学調査の意義に関する事項

二　鯨類科学調査により収集する科学的情報に関する目標

三　前号の目標を達成するために必要な鯨類科学調査の実施に関する基本的事項

四　鯨類科学調査の実施体制に関する基本的事項

五　妨害行為の防止及び妨害行為への対応に関する基本的事項

六　鯨類科学調査により得られた科学的知見の国内外における普及及び活用等に関する基本的事項

七 鯨類科学調査のために捕獲した鯨類の調査終了後における利用に関する基本的事項

八 その他鯨類科学調査の安定的かつ継続的な実施に関する重要事項

3 農林水産大臣は、あらかじめ法務大臣、外務大臣、海上保安庁長官その他の関係行政機関の長（当該行政機関が合議制の機関である場合にあっては、当該行政機関。第十三条第一項において同じ。）と協議して、基本方針の案を作成し、閣議の決定を求めなければならない。

4 農林水産大臣は、前項の規定による閣議の決定があったときは、遅滞なく、基本方針を公表しなければならない。

5 政府は、情勢の推移により必要が生じたときは、基本方針を変更しなければならない。

6 第三項及び第四項の規定は、前項の規定による基本方針の変更について準用する。

（鯨類科学調査計画）

第六条 農林水産大臣は、基本方針に即して、実施が必要と認められる鯨類科学調査ごとに、農林水産省令で定めるところにより、鯨類科学調査の実施に関する計画（以下「鯨類科学調査計画」という。）を策定するものとする。

2 鯨類科学調査計画においては、次に掲げる事項を定めるものとする。

一 鯨類科学調査の目的

二 鯨類科学調査の実施海域

三 鯨類科学調査の期間

四 鯨類科学調査の方法（鯨類の捕獲により行うものにあっては、その対象とする鯨類の種類及び頭数を含む。）

五 その他鯨類科学調査の実施に関し必要な事項

3 農林水産大臣は、鯨類科学調査計画を策定したときは、遅滞なく、その概要を公表しなければならない。

4 農林水産大臣は、鯨類科学調査の実施の状況等を勘案して、適宜、鯨類科学調査計画に検討を加え、必要があると認めるときは、これを変更しなければならない。

　5　第三項の規定は、前項の規定による鯨類科学調査計画の変更について準用する。

（指定鯨類科学調査法人）

　第七条　農林水産大臣は、一般社団法人又は一般財団法人であって、次項に規定する業務を適正かつ確実に行うことができると認められるものを、その申請により、指定鯨類科学調査法人として指定することができる。

　2　指定鯨類科学調査法人は、鯨類科学調査を実施すること（次条第一項に規定する協力をすることを含む。）を業務とする。

　3　指定鯨類科学調査法人は、農林水産省令で定めるところにより、農林水産大臣に、鯨類科学調査の実施の状況を報告し、鯨類科学調査が終了したときは、遅滞なくその結果を報告しなければならない。

　4　農林水産大臣は、指定鯨類科学調査法人が第二項に規定する業務を適正かつ確実に実施していないと認めるときは、指定鯨類科学調査法人に対し、その業務の運営の改善に関し必要な措置を講ずべきことを命ずることができる。

　5　農林水産大臣は、指定鯨類科学調査法人が前項の規定による命令に違反したときは、その指定を取り消すことができる。

　6　第一項の指定の手続その他指定鯨類科学調査法人に関し必要な事項は、農林水産省令で定める。

（指定鯨類科学調査法人以外の者による鯨類科学調査の実施）

　第八条　農林水産大臣は、指定鯨類科学調査法人のほか、農林水産省令で定めるところにより、試験研究のための鯨類の捕獲を適正かつ確実に行うことができる能力を有しており、かつ、当該試験研究について指定鯨類科学調査法人の協力を得ていると認められる者を、その同意を得て、期間を限り、鯨類科学調査を実施する主体とすることができる。

　2　前項に規定する者が、同項の規定により鯨類科学調査を実施する場合においては、農林水産省令で定めるところにより、その実施する鯨類科学調査の実施の状況を報告し、当該鯨類科学調査が終了したときは、遅滞なくその結果を報告しなければならない。この場合においては、前条第三項の規定は、適用しない。

（補助）

　　第九条　政府は、調査実施主体（指定鯨類科学調査法人及び前条第一項の規定により鯨類科学調査を実施する主体とされた者をいう。第十一条において同じ。）に対し、予算の範囲内において、鯨類科学調査の実施に要する費用の一部を補助するものとする。

（鯨類科学調査の実施体制の整備）

　　第十条　政府は、鯨類科学調査を安定的かつ継続的に実施するため、鯨類に関する科学的な調査研究を行う人材の養成及び確保、鯨類科学調査の実施のための船舶及びその乗組員の確保その他鯨類科学調査の実施体制の整備に必要な措置を講ずるものとする。

（妨害行為への対応等のための調査実施主体に対する支援）

　　第十一条　政府は、調査実施主体が、妨害行為を防止し若しくは妨害行為に対応するために必要な船舶、設備若しくは装備を備え、又は船舶の乗組員その他の関係者に妨害行為を防止し若しくは妨害行為に対応するために必要な知識及び技能の習得若しくは向上のための訓練を行うため、必要な情報の提供、助言その他の必要な支援を行うものとする。

（妨害行為への対応等のための政府職員の派遣等）

　　第十二条　政府は、妨害行為の防止又は妨害行為への対応のため、必要に応じ、水産庁の職員その他その職務に従事する政府職員（以下この条及び次条第一項において単に「政府職員」という。）又は政府職員が乗り組む船舶を鯨類科学調査の実施に係る海域その他の場所に派遣し、当該政府職員に法令の規定に基づき必要な措置を講じさせるものとする。

（妨害行為への対応のための関係行政機関の情報共有）

　　第十三条　農林水産大臣、内閣総理大臣、法務大臣、外務大臣、海上保安庁長官その他の関係行政機関の長は、鯨類科学調査ごとに、鯨類科学調査に係る船舶の乗組員（前条の規定により派遣される政府職員及び同条の規定により派遣される船舶に乗り組む政府職員を含む。次項において同じ。）その他の関係者が妨害行為に対応してとることができる措置の具体的内容について、あらかじめ情報を共有することにより、相互の緊密な連携を確保するものとする。

　2　前項の情報の共有は、想定される妨害行為の類型ごとに、我が国が締
結した条約その他の国際約束及び確立された国際法規並びに法令に照らし、
鯨類科学調査に係る船舶の乗組員その他の関係者が妨害行為に対応してとる
ことができる措置について、鯨類科学調査を安定的かつ継続的に実施する観
点からできる限り具体的に行われるものとする。

　（妨害行為への対応等のためのその他の措置）

　第十四条　政府は、外国船舶による妨害行為の防止又は外国船舶による
妨害行為への対応のため、外交上適切な措置を講ずるものとする。

　2　政府は、妨害行為の発生の防止のため、妨害行為を行うおそれがある
外国人について、上陸の拒否その他の入国、上陸及び在留の管理に関する必
要な措置をとるものとする。

　（鯨類科学調査により得られた科学的知見の国内外における普及及び活用
等）

　第十五条　政府は、鯨類科学調査により得られた科学的知見の国内外に
おける普及及び活用に努めるとともに、鯨類科学調査の意義に関する国内外
における理解を深めるために必要な措置を講ずるものとする。

　2　政府は、鯨類に係る伝統的な食文化その他の文化及び食習慣の継承並
びに鯨類の利用に関する多様性の確保に関する国内外の理解と関心を深める
ため、鯨類に関する文化及び食習慣並びに鯨類の利用についての広報活動の
充実その他の必要な措置を講ずるものとする。

　3　政府は、捕鯨を取り巻く国際環境の改善を図るため、関係国との連携
及び関係国への働きかけの強化その他必要な外交上の措置を講ずるものと
する。

　（鯨類科学調査のために捕獲した鯨類の調査終了後における利用）

　第十六条　政府は、鯨類科学調査のために捕獲した鯨類のうち必要な調
査を終了したものについては、可能な限り加工すること等により有効に利用
され、かつ、当該利用が合理的に行われるよう必要な措置を講ずるものと
する。

　2　前項の措置は、我が国の鯨類に係る伝統的な食文化その他の文化及び
食習慣並びに鯨類の利用に関する多様性についての国民の理解と関心が深ま

るよう、学校給食等における利用が促進されることを優先して講ずるものとする。

　　3　政府は、鯨類科学調査のために捕獲した鯨類の加工、販売等を行う事業者その他の関係者に対しその事業等を妨害されることについての不安を生じさせることがないよう必要な措置を講ずるものとする。

（財政上の措置等）

　　第十七条　政府は、第九条に定めるもののほか、鯨類科学調査の実施体制の整備、妨害行為への対応、鯨類科学調査により得られた科学的知見の国内外における普及及び活用その他鯨類科学調査を安定的かつ継続的に実施するための施策の実施のため必要な財政上の措置その他の措置を講ずるものとする。

（鯨類科学調査以外の鯨類に関する科学的な調査についての措置）

　　第十八条　政府は、鯨類科学調査以外の鯨類に関する科学的な調査（鯨類を適切な水準に維持しながら持続的に利用するために必要な科学的情報を収集することを目的として行うものに限る。）について、当該調査の目的及び実施の状況を踏まえ必要があると認めるときは、第十一条から第十四条まで及び前条に規定する措置に準じて必要な措置を講ずるものとする。

　　附　　則

（施行期日）

　　1　この法律は、公布の日から施行する。

（経過措置）

　　2　農林水産大臣は、この法律の施行の際現に鯨類に関する科学的な調査（鯨類を適切な水準に維持しながら持続的に利用するために必要な科学的情報を収集することを目的として行うものに限る。）の実施に関する計画を策定している場合であって、当該計画が基本方針に即し、かつ、第六条第二項各号に掲げる事項を定めるものであるときは、当該計画をもって鯨類科学調査計画とすることができる。

　　3　前項の規定による鯨類科学調査計画に関し、第七条第一項の規定により指定鯨類科学調査法人が指定される日までの間に実施された調査については、同条第三項の規定にかかわらず、当該調査を実施した者が、同項の規定の例により、農林水産大臣に報告しなければならない。

　（検討）

　4　政府は、鯨類科学調査を安定的かつ継続的に実施する観点から、効果的な妨害行為の排除の方法及び取締りの在り方について速やかに検討を加え、その結果に基づいて外交上の措置、法制上の措置その他の必要な措置を講ずるものとする。

　（農林水産・内閣総理大臣署名）

商業捕鯨の実施等のための鯨類科学調査
の実施に関する法律提案理由

　ただいま議題となりました商業捕鯨の実施等のための鯨類科学調査の実施に関する法律案につきまして、その趣旨及び主な内容について御説明申し上げます。

　我が国の伝統と文化である捕鯨に関しては、国際捕鯨委員会における商業捕鯨の一時停止の決定以降、商業捕鯨の再開のために必要な科学的知見を収集するため、国際捕鯨取締条約に基づく鯨類捕獲調査が実施されてきました。

　しかしながら、近年、反捕鯨団体による過激な妨害活動により調査の実施に支障が生じ、また、国際司法裁判所の南極における捕鯨訴訟において我が国にとって厳しい判決が出されました。

　現在、新たな計画に基づく調査が開始されておりますが、平成二十六年四月の衆議院農林水産委員会及び本委員会の調査捕鯨実施等に関する決議を踏まえ、鯨類に関する科学的調査を国の責務として位置付け、安定的かつ継続的に実施するための法律の制定が必要とされています。

　本法律案は、このような状況を踏まえ、商業捕鯨の実施等のための鯨類科学調査を安定的かつ継続的に実施するために必要な事項について定めることにより、商業捕鯨の実施による水産業等の発展を図るとともに、海洋生物資源の持続的な利用に寄与しようとするものであります。

语料 3：

平成 30 年 12 月 26 日内閣官房長官談話
平成三十年十二月二十六日

　　一　我が国は、科学的根拠に基づいて水産資源を持続的に利用するとの基本姿勢の下、昭和六十三年以降中断している商業捕鯨を来年七月から再開することとし、国際捕鯨取締条約から脱退することを決定しました。

　　二　我が国は、国際捕鯨委員会（IWC）が、国際捕鯨取締条約の下、鯨類の保存と捕鯨産業の秩序ある発展という二つの役割を持っていることを踏まえ、いわゆる商業捕鯨モラトリアムが決定されて以降、持続可能な商業捕鯨の実施を目指して、三十年以上にわたり、収集した科学的データを基に誠意をもって対話を進め、解決策を模索してきました。

　　三　しかし、鯨類の中には十分な資源量が確認されているものがあるにもかかわらず、保護のみを重視し、持続的利用の必要性を認めようとしない国々からの歩み寄りは見られず、商業捕鯨モラトリアムについても、遅くとも平成二年までに見直しを行うことがIWCの義務とされているにもかかわらず、見直しがなされてきていません。

　　四　さらに、本年九月のIWC総会でも、条約に明記されている捕鯨産業の秩序ある発展という目的はおよそ顧みられることはなく、鯨類に対する異なる意見や立場が共存する可能性すらないことが、誠に残念ながら明らかとなりました。

　　この結果、今回の決断に至りました。

　　五　脱退するとはいえ、国際的な海洋生物資源の管理に協力していくという我が国の考えは変わりません。IWCにオブザーバーとして参加するなど、国際機関と連携しながら、科学的知見に基づく鯨類の資源管理に貢献する所存です。

　　六　また、水産資源の持続的な利用という我が国の立場を共有する国々との連携をさらに強化し、このような立場に対する国際社会の支持を拡大していくとともに、IWCが本来の機能を回復するよう取り組んでいきます。

　　七　脱退の効力が発生する来年七月から我が国が行う商業捕鯨は、我が国の領海及び排他的経済水域に限定し、南極海・南半球では捕獲を行いません。また、国際法に従うとともに、鯨類の資源に悪影響を与えないようIWCで採択された方式により算出される捕獲枠の範囲内で行います。

　八　我が国は、古来、鯨を食料としてばかりでなく様々な用途に利用し、捕鯨に携わることによってそれぞれの地域が支えられ、また、そのことが鯨を利用する文化や生活を築いてきました。

　科学的根拠に基づき水産資源を持続的に利用するという考え方が各国に共有され、次の世代に継承されていくことを期待しています。

第六章　日本反性骚扰新闻
话语的社会认知分析
——以"#MeToo"运动为例

本章以批评话语分析的"话语—认知—社会三角"理论为视角，首次融合了社会行动者系统与话语空间模型，提出了反性骚扰话语的研究框架，并以日本"#MeToo"运动为个案进行分析。研究发现：(1) 日本国内、国外关于社会行动者表征策略的差异明显，海外"受害者"多呈现奋起反抗的强者形象，而日本本土"受害者"在凸显"加害者"权力、地位身份的语境下，多被表征为需要他人保护的"弱者"；(2) 报纸媒体通过指称策略和句法结构调整"受害者"和"加害者"在话语空间上的距离，海外"受害者"和"加害者"之间的冲突在语言形式上呈现得更为激烈；(3) 反性骚扰运动的举步维艰与日本社会极不平等的"性别秩序"有关。

一　"#MeToo"运动与反性骚扰新闻话语

2017 年 10 月，好莱坞女星艾莉莎·米兰诺（Alyssa Milano）在推特上呼吁性骚扰受害者挺身而出，以"MeToo"（我也是）为标签讲述自己的受害经历。随后，"#MeToo"（反性骚扰）运动由女性个体受难的私人言说，经由社交媒体迅速扩散，席卷全球近百个国家，演变成了史上最大规模的反性骚扰社会运动（吴志远，2019）。然而，在"#MeToo"运动愈演愈烈之际，也出现了质疑"#MeToo"运动走向极端化的声音，认为其借反性骚扰之名不公平地威胁到了整个有权势阶层的男性[1]。

日本"#MeToo"运动的代表性事件是青年女记者伊藤诗织（Shiori Ito）指控时任东京广播公司华盛顿分社社长山口敬一（Keiichi Yamaguchi）性侵的诉讼争端。伊藤诗织作为日本历史上首位公开姓名和长相指控职场性侵害的女性，也被视作日本反性侵运动的代表人物之一。BBC曾以此拍摄了纪录片《Japan's Secret Shame》（日本之耻），在全球引起强烈反响。

2019年12月18日，经过长达四年的艰苦诉讼，东京地方法院判定伊藤诗织胜诉，裁决山口敬一赔偿伊藤诗织330万日元（约3万美元），并驳回山口敬一的反诉。在伊藤诗织及其支持者看来，这场判决的意义并不完全在于赔偿金额的数字，而是来自法律对受害者权益的保护。"伊藤事件"也推动了日本的司法改革，2017年，时隔110年，日本首次对百年未变的强奸法案进行了修改，将"强奸罪"更名为"强制性交等罪"，法定最低刑罚也从三年增至五年（在伊藤的事件之前，日本强奸罪的法定最低刑期甚至短于盗窃罪），第一次认定了男性也可以作为强奸罪的控告方[2]。然而，裁决结果公布后，网络上依然存在关于伊藤诗织的负面消息。一些媒体将报道的焦点投放到赔偿金额之上，以此揶揄伊藤诗织。甚至有女性漫画家将伊藤诗织案件改编成漫画，把其形容为靠陪睡上位的心机女[3]。由此可见，在日本社会反性骚扰举步维艰，其背后的原因值得探讨。

报纸是日本公众对"#MeToo"运动认知的主要来源之一。为探究新闻话语对（反）性骚扰事件的态度和报道方式，新闻媒体如何影响受众对（反）性骚扰事件的认知及其背后的社会原因。本章借用批评话语分析中的社会认知分析法，融合van Leeuwen的社会行动者系统（Social Semantic Inventory）和 Chilton 的话语空间模型（Discourse Space Model），提出（反）性骚扰新闻话语的研究框架，并以日本三大主流报纸媒体之一的《每日新闻》中"#MeToo"运动相关报道为例，分析（反）性骚扰新闻话语中的主要社会行动者即"受害者"和"加害者"的表征策略、认知机制及其社会结构成因。旨在明确日本性骚扰事件区别于其他国家特别是欧美等西方国家的特点及其背后深层的社会原因，从而为解决日本性骚扰问题提供参考，也为女性主义媒介研究提供新的思路。

二　理论框架

（一）社会行动者系统与话语空间模型

van Dijk 提出的社会认知视角下的批评话语研究（Socio-cognitive Discourse Studies），又称"话语—认知—社会三角"理论（Discourse-cognitive-society Triangle），将社会心理学、认知心理学、认知语言学的成果运用到话语分析中，认为"话语和社会结构并非直接关联，而是以社会认知为媒介来连接的"（van Dijk，2008），强调从认知的视角解释话语的社会属性，主张从社会问题出发，探求具体概念形成的社会动因和机制，尤其关注知识、信念、心智模式、语境模式等动态的社会属性（van Dijk，2014）。van Dijk 从社会认知的角度提出的多学科的话语理论，是对系统功能语法的补充（张辉和江龙，2008；汪徽和张辉，2014）。

　　van Dijk 的分析框架有两个重要的组成部分：文本部分和语境部分。文本部分系统地分析新闻话语的各种不同层次的结构；语境部分分析这些文本结构生产的认知和社会因素、条件、局限性或影响，从而间接地分析它们的经济、文化和历史根源。这种从文本参与者的社会认知角度探讨文本的生产过程和理解过程的方法与其他批评话语分析的方法有异曲同工之效。它把文本结构与社会实践、文本生产的意识形态联系起来，又把文本与文本的结构环境、宏观社会环境联系在一起。

社会行动者系统亦称社会语义清单（Social Semantic Inventory），由 van Leeuwen（1996）提出并以清单中的选择项来表征社会行动者。社会行动者（social actors）是指文本中被描述为在做某事或被动做某事的参与者，是社会实践的行动主体，对社会行动者和其社会行为的表征可以反映话语主体对社会行动者的解读和态度（Darics & Koller，2019）。社会行动者系统可以解构新闻话语对性骚扰事件中社会行动者的建构过程，从话语策略层面为批评话语研究提供有力支持。基于日文新闻语篇的特征，本章选取了社会行动者系统中可识别性较强的"确定"（determination）和"非确定"（indetermination）表征策略。本章基于上述社会语义清单对"#MeToo"运动中"受害者"和"加害者"进行分析，探究这一对矛盾的社会行动者在报纸中的表征方式，及其对社会认知的影响。

Chilton（2004）提出话语空间理论（Discourse Space Theory），主张人们在处理话语时会以自己为中心"定位"话语实体。其可视化模型为话语空间模型（Discourse Space Model），该模型由时间轴（Temporal Axis）、空间轴（Spatial Axis）与情态轴（Modal Axis）三个轴线构成，三条轴的交界中心为指称中心（Deictic Center），如图6-1所示。空间轴（s轴）表示社会空间，即话语实体（参与者或对象）与读者相对的社会距离。时间轴（t轴）从读者的角度以双向的方式表示时间，负半轴表示过去，正半轴表示将来，距指称中心的距离表示时间的长度。情态轴（m轴）表示话语产生者对事件的评价、情感和态度，如话语的确定性和正义性等，距指称中心较近的为确定的、正确的实体，距指称中心较远的为非确定的、错误的实体。因此，指称中心代表话语生产者或读者在空间、时间与价值上的视角。话语空间模型用以分析新闻语篇的受众对（反）性骚扰新闻话语的认知模式。

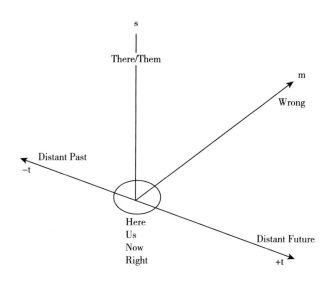

图 6-1　话语空间模型（Chilton, 2004）

近年来，话语空间理论与话语分析的融合日渐深入。张辉和杨艳琴（2019）详述了批评话语分析与认知语言学的融合，即批评认知语言学的理论背景，并对隐喻、图示图像、话语世界以及批评话语研究的认知视角等四类研究的理论和应用做了具体描述。张天伟（2016）从空间、时间和价值观三个维度对政治领导人的话语建构体系对趋近化理论做了个案研究，指出话语强制的目的是为了塑造和提升国家形象。刘文宇和徐博书（2018）将话语空间与趋近化理论结合，以美国于不同时期颁布的三份《国家安全战略报告》为素材，分析发现"中国"在报告中的定位由"合作伙伴"逐渐转变成为了"国家安全威胁"，发生了历史性的转变。张辉和颜冰（2019）在语料库、定性定量研究方法基础之上，结合话语空间与趋近化理论以叙利亚战争话语为个案，对美、叙、中三方话语进行批评认知分析，并指出政治冲突话语中，处于不同指称中心的说话人会选择相应的语言操纵策略，并暗示不同的立场和观点，以实现不同的政治目标。

社会认知分析法有利于明析新闻媒体的意识形态，从批判的视角看待媒体对于女性的态度，社会行动者系统为区分同一事件及语篇中的矛盾对立体提供了分析的切入点，而话语空间理论凭借语言分析的模型化和可视化特征显著增强了对批评话语研究结果的解释力，也有效提高了社会行动者系统分类界定的可操作性，为探究受众对（反）性骚扰新闻事件的社会行动主体，即"受害者"和"加害者"的认知距离提供了有效的语言学途径。

（二）社会性别秩序理论

江原由美子（2001）指出，日本社会存在着性别秩序（gender order），即男性与女性之间相互行为中存在规则和习惯的差异，其结果为男性与女性之间产生的"支配—被支配"的权力差距，即"性别支配"（gender domination）。这里所说的"权力"并非是妨碍社会行为的限制性力量，而是使社会行为成为可能的生产力（上谷香阳，2009）。这种非对称的"性别支配"关系使得"男性"的社会行为更易得到"女性"的认可和接受，"女性"的社会行为更易受到"男性"的制约，即"男性"比"女性"更具有性别上的"权力"，这种权力表现在社会政治、经济、文化中的方方面面。社会性别秩序理论为分析日本"#MeToo"运动暗淡的原因提供了切入点，本章后续部分将从社会性别秩序的视角，从日本政治经济、社会文化环境以及"#MeToo"运动爆发的集中领域新闻出版行业的视角，分析为什么伊藤诗织事件能引起广泛关注，以及日本"#MeToo"运动暗淡的原因。

三　研究设计

（一）研究问题

本章在 van Dijk（2008）的"话语—认知—社会三角"理论的基础上，围绕（反）性骚扰新闻话语中最主要的一对社会行动矛盾主体，即作为社会行动者的"受害者"和"加害者"的文本表征策略、不同社会行动者间话语空间的变化及其社会结构成因三个层面，提出反性骚扰新闻话语的研究框架，并以日本"#MeToo"运动为例，进行分析。具体包括以下三个子问题：

（1）话语层面，报纸媒体对不同的社会行动者即国内、外"受害者"和"加害者"的表征策略有何差异？

（2）认知层面，报纸媒体是如何从"时间"、"空间"、"情态"三个维度影响受众对"受害者"和"加害者"以及"#MeToo"运动认知的？

（3）社会层面，报纸媒体对社会行动者表征的差异以及"#MeToo"运动在日本发展态势消极的原因是什么？

（二）数据来源

本章借助日本三大全国性报纸之一的《每日新闻》在线数据库"每索"，以"MeToo"为关键词，收集日本"#MeToo"运动的代表性事件，伊藤诗织事件开始到结束，即 2017 年 5 月 29 日至 2019 年 12 月 31 日期间新闻标题中包含"MeToo"的相关报道，自建小型专题新闻语料库，置于"当代日本社会现象专题新闻语料库"之中。删除重复性报道，共收集新闻语料 38 篇，合计 35769 字。

（三）研究流程

以 van Dijk（2008）的"话语—认知—社会三角"理论为基础，融合的社会行动者系统、话语空间模型和性别秩序理论，从话语、认知、社会三个层面进行分析，具体研究步骤如下。

社会行动者表征的话语层面，借助语料库分析工具 KH Coder3.0，提取"#MeToo"运动报道中的所有社会行动者信息并基于 van Leeuwen 的社会语义清单中"确定"和"非确定"的表征策略，如（1）所示，对语篇中所有"受害者"和"加害者"的指称赋码、分类，探究报纸媒体对社会行动者的表征策略。

（1）これに怒った<u>校長（加害者）（非確定）</u>は<u>マクヌンさん</u><u>（受害者）（確定）</u>を解雇し、録音データを消去するなら再雇用すると迫った。（对此感到气愤的<u>校长</u>解雇了<u>马可努恩</u>，并威胁道如果删除录音才可能考虑重新雇佣。）

（每日新闻，2018.12.28）（笔者译，下同）

不同社会行动者间话语空间的认知层面，将社会行动者表征策略的分析结果投射到话语空间模型上，分析不同社会行动者在读者心理空间上的位置差异。

社会行动者表征差异的社会结构成因层面，结合"#MeToo"运动在日本发展态势消极的现状，从性别秩序（gender order）的视角出发分析日本媒体为何对国内外的社会行动者采用不同的指称策略。

四 反性骚扰话语的社会认知分析

分析发现，《每日新闻》"#MeToo"运动38篇新闻语篇中，报道的焦点多集中于以美国为代表的海外反性骚扰运动的发展状况上，合计23个语篇涉及13个（反）性骚扰事件，其中有关美国的报道最多，高达16篇，相较而言，围绕日本本土"#MeToo"运动发展状况的报道较少，仅有15篇，且多围绕日本各界如何声援"#MeToo"运动展开的，涉及揭发性骚扰事件的报道仅4件。

纵观"#MeToo"运动国内、外报道数量及内容倾向，海外"#MeToo"运动多集中于演艺界，而日本国内的报道多集中于新闻界和政界，报道的焦点在于伊藤诗织事件；日本主流报纸媒体声援反性骚运动的开展，但对本国（反）性骚扰事件的关注不足，新闻语篇中国内与国外的"受害者"和"加害者"表征策略差异明显。

（一）社会行动者表征策略分析

根据 van Leeuwen（1996）对社会语义清单的界定和分类，本章将社会行动者分为以"福田淳一（福田淳一）"、"伊藤詩織（伊藤诗织）"等实名方式表征的"确定"表征策略，以及以"20 代の女性記者（二十几岁的女记者）"、"女優ら（女演员们）"等匿名方式表征的"非确定"表征策略。

首先提取包含所有社会行动者的小句 373 句，其中涉及各类"受害者"的小句数为 247 句（66.0%），包含各类"加害者"的小句数为 127 句（34.0%）。其次，鉴于围绕日本国内、国外"#MeToo"运动报道的显著差异，本章在统计"确定"及"非确定"表征策略的基础上，又将"受害者"和"加害者"按照国别和事件发生的地点进行了分类统计（表6-1）。从涉及"受害者"和"加害者"的小句总数来看，日本媒体更加关注"受害者"的社会行动，但具体而言，这一"受害者"是在性骚扰或性侵害案件中身心备受煎熬的"弱者"，还是在反性骚扰运动中勇于直言的"强者"，因国内外事件发生的地点不同而差异明显。

表 6-1　　　　　　　　"受害者"和"加害者"的表征策略

表征策略		确定	非确定	χ^2	总计
受害者	日本国内	17 (4.5%)	81 (21.7%)	41.79**	247 (66.0%)
	海外	63 (16.8%)	86 (23.0%)	3.55	
加害者	日本国内	25 (6.7%)	12 (3.2%)	4.57*	127 (34.0%)
	海外	56 (15.0%)	34 (9.1%)	5.38*	
		161 (43.0%)	213 (57.0%)	7.23**	374 (100%)

注：* $p<0.05$　** $p<0.01$。

从统计学上来看，日本媒体在表征日本国内与海外"受害者"时，表征策略差异明显。以"アリッサ・ミラノ（艾莉莎・米兰诺)"、"マクヌン（马可努恩)"等"确定"方式表征的海外受害者共计 13 人，并多与"摘発（揭发)"、"デモ（游行)"、"抗議（抗议)"、"実刑判决（监狱服刑)"等表征"受害者"积极抗争的词语搭配（MI3 > 5)。以"はあちゅう（春香)"、"伊藤詩織（伊藤诗织)"等"确定"方式表征的日本本土"受害者"并不多见，仅有 4 人，这主要源于新闻媒体为保护性骚扰事件中"受害者"的个人隐私，避免其受到"加害者"的报复以及来自网络言论的二次伤害，有意隐藏了受害者的个人信息。而绝大多数日本本土受害者多以"16 歳の少女（16 岁的少女)"、"約 60 人の女性（大约 60 位女性)"等"非确定"方式表征，如（2)，其搭配强度较高（MI3 > 4)的词汇包括"告発（揭发)"、"支援（支援)"、"遭う（遭受)"、"中傷（中伤)"、"弱い（弱势的)"等。由此可见，对美国等海外国家"#MeToo"运动开展状况的描述词汇更为激进，"受害者"多被表征为面对性骚扰奋起抗争的强者形象，而日本"#MeToo"运动中勇于发声的"受害者"形象较为多元，像"伊藤诗织"等勇于直言的"强者"仅有 4 人，但更多的是在性骚扰或性侵案件中身心备受煎熬、无力反抗的"弱者"形象。

(2) 東京都内の20代の女性は、自身が就職活動や仕事上で受けたセクハラを訴えた。（东京都内 20 多岁的女性，控诉了自己在找工作以及工作时受到的性骚扰经历。)

（每日新闻，2017. 12. 28)

另一方面，媒体在表征"加害者"时，国内、外均多使用如"ワインスタイン（韦恩斯坦)"、"福田淳一（福田淳一)"等实名的"确定"的命名策略予以表征。新闻媒体以真实姓名报道个体加害者，在增加（反）性骚扰事件相关报道真实性和可信性的同时，也更易于在价值观层面引发与读者间的共鸣效应。然而，尤其在描述日本国内"加害者"时，多以表征身份地位、阶层关系的名词，如"企業の幹部（企业干部）"、"財務事務次官（前财政省事务次官）"、"岩泉町長（岩泉町町长）"等来修饰或指代加害者个体，共计23句，占日本国内"加害者"表征策略的62.2%。这说明，（反）性骚扰新闻事件中日本新闻媒体更加关注"受害者"和"加害者"之间的权力关系。从侧面将日本国内的"加害者"一般化为拥有绝对权力和地位的男性，将"受害者"定义为弱势、需要保护的年轻女性。即使在反性骚扰新闻报道中，由于性别和权力差异所导致的社会结构群体冲突和不平等关系也以语言的形式被固化了下来，这也客观反映了因性别差异导致的社会支配倾向。这种基于性别差异的社会支配倾向反映了新闻媒体对性别公平和社会等级的态度（王沛等，2017）。譬如，《每日新闻》以"旁观者"的口吻描述日本国内"#MeToo"运动的发展，同情女性受害者维权的艰难和反抗的无力，但却仅限于社会现象的揭露，极少涉及企业或政府具体变革的举措，在反性骚扰问题上态度的相对消极可窥一斑。

　　另外，区别于"受害者"的指称策略，在表征"加害者"时，极少使用如例（3）"性的搾取者ら（性剥削者们）"这样的"集体化"方式表征。虽然这种抽象化的表征策略更易让读者感受到性骚扰问题的普遍性，赢得对该社会不公平现象更多的关注。

（3）受賞理由は「衝撃的で影響の強いジャーナリズムにより、大物かつ裕福な性的搾取者らを暴き出し、長く抑えられてきた性的暴力の被害者への責任を追及した」と評価した。（获奖理由是"通过具有冲击力和影响力的新闻报道，揭发了大人物和富裕阶层的性剥削者们，并追究了长期被压抑的对性暴力受害者应负的责任"。）

（每日新闻，2018.4.17）

本小节探讨了报纸媒体对"#MeToo"运动中"受害者"和"加害者"的表征策略，研究发现：（1）媒体多以匿名、群体指称等"非确定"方式来表征日本本土"受害者"，以实名"确定"的方式来表征海内、外"加害者"；（2）媒体格外关注"受害者"和"加害者"之间的权力关系，"加害者"多以"确定"的命名策略被表征为拥有权力和地位的男性个体施暴者形象，而"受害者"的表征策略因（反）性骚扰发生地点的不同而差异明显：海外"受害者"多以勇于反抗性骚扰的"强者"形象出现，而日本"受害者"形象较为多元，虽有勇于直言的"强者"，但更多的是在性骚扰案件中备受煎熬、无力反抗的"弱者"；（3）以《每日新闻》为代表的报纸媒体支持"#MeToo"运动的开展，但是在如何遏制日本社会内部性骚扰问题频发的具体举措上态度消极。

（二）话语空间模型分析

Chilton（2010：196）认为，轴线系统构成了"作者眼中的基本现实"。话语空间模型的空间、时间、价值轴分析的代表性语言学标识如表6-2所示。

表6-2 　　　　　　　　　话语空间的语言标识

分类		代表词
空间	受害者	伊藤詩織；20代の女性；マクヌンさん；女優ら
	加害者	福田淳一；ワインスタイン；芸術界の大物；性の搾取者ら
时间	过去	した；ていた；てきた；てから；と（に）なった；始まった；去年；過去；以前
	现在	する；ている；まま；現在；今
	将来	する；べきだ；てほしい；たい；願う；今後

分类		代表词
价值	确定	はあちゅう；アリッサ・ミラノ；福田淳一
	非确定	痴漢被害の経験がある女性；16 歳の少女；電通の先輩社員；医師；有名男性俳優；約 60 人の女性；告発した女性ら；セクハラ被害にあった女性たち；性の搾取者ら

根据表 6-2 以及对"受害者"及"加害者"等社会行动者表征策略分析结果的投射，《每日新闻》报纸媒体关于"#MeToo"运动所构筑的"现实"的话语空间模型分析，如图 6-2 所示。话语空间模型中三个轴的原点，即指称中心代表"受害者"、"现在"，以"确定"方式表征的社会行动者。

具体来说，时间轴即 t 轴代表"#MeToo"运动发生的时间，由于"#MeToo"运动兴起于海外，而后扩散到日本，因此相较日本本土，居于海外的"受害者"和"加害者"位于距离指称中心较远的位置，即 t 轴负半轴。而从 2018 年 3 月开始，全球范围内的"#MeToo"运动扩展为日本本土化的"#WeToo"（我们也是）运动，其最大特征是呼吁男性也加入到了反性骚扰运动中来，作为"#MeToo"运动的延伸，其位于 t 轴正半轴。

《每日新闻》支持"#MeToo"运动的开展，将"受害者"作为空间轴即 s 轴的原点，代表"我者"（us），距读者的心理距离最近，"加害者"则位于 s 轴的远端，是距读者的心理距离较远的"他者"（them）代表，二者之间的双向箭头则代表"受害者"和"加害者"之间的矛盾与冲突。

从支持并声援个体"受害者"发声的视角出发，将伊藤春香、伊藤诗织等"确定"的受害者个体实名表征策略视为价值轴即 m 轴的原点，而以"非确定"的表征策略置于 m 轴的远端。经统计日本国内受害者和加害者出现在同一小句中的例子仅有 11 例，占日本国

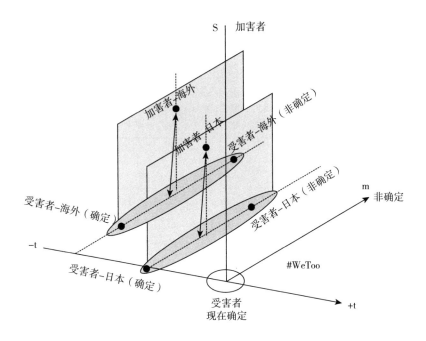

图 6-2 "#MeToo" 运动新闻报道的话语空间分析

内"受害者"和"加害者"小句总数的 9.4%，而在对海外"#MeToo"运动的相关报道中，作为矛盾对立体的二者同时出现在一个句法结构的小句数多达 72 例，占海外"受害者"和"加害者"小句总数的 48.6%。这说明，新闻语篇中海外性骚扰事件中"受害者"和"加害者"之间的矛盾冲突更为激烈，而发生于日本本土的性骚扰事件中"受害者"和"加害者"之间的矛盾从句法结构上刻意被淡化了。

从新闻事件的领域来看，海外"#MeToo"运动多集中于演艺界，而日本国内的报道多集中于新闻界、商界和政界。从事件发生的顺序上，日本本土事件更贴近话语空间时间轴的中心。当然，在媒体所传递的（反）性骚扰信息中，日本本土"#MeToo"运动的相关报道更易引起读者的价值共鸣，与读者的心理距离更近。下面将用三个例子进行具体说明。

(4) 当時のマクヌンさんは事務職員の雇用権限を持つ校長に
　　強く抗議することはできなかったが、万が一に備え13年8
　　月に携帯電話で会話を録音した。(马可努恩虽然当时无法
　　强烈反抗掌管职员雇佣权限的校长，但是为了以防万一13
　　年8月用手机将二人的对话录音。)

（每日新闻，2018.12.28）

　　例（4）中，从时间角度来看，由"できなかった"、"録音し
た"可知，该事件发生在过去。从空间角度来看，受害者"马可努
恩"为"我者"，而加害者"校长"为"他者"。从价值角度来看，
以实名"确定"方式表征的社会行动者"马可努恩"（受害者）、和
"非确定"方式表征的社会行动者"校长"（加害者）出现在同一小
句中，且从复句的后半句"携帯電話で会話を録音した"（用手机将
二人的对话录音）可以看出二者之间的对抗，表明二者之间的冲突
较为激烈。与此同时马可努恩（Baiq Nuril Maknun）作为印度尼西亚
"#MeToo"运动的代表，以实名"确定"的方式被表征出来，并被塑
造为通过电话录音揭发校长的性骚扰行为、敢于反抗强权的形象。

(5) 兵庫県の女子大学生（23）は就職活動中、志望する出版
　　社の男性社長にホテルに連れ込まれ無理やりキスされた。
　　(兵库县23岁女大学生在求职活动中，被心仪出版社的男
　　社长带到酒店强吻了。)

（每日新闻，2017.12.28）

　　例（5）所描述的事件与例（4）相同，均发生在过去。从空间
角度来看，受害者"兵库县23岁女大学生"为作为受害者的"我
者"，而加害者"男社长"为"他者"。从价值角度来看，虽然受害
者和加害者出现在同一小句中，但二者均以匿名"非确定"方式表

— 117 —

征出来，距读者心理距离较远，而且句中没有体现出二者之间的对抗，表明二者之间的冲突被淡化了。"兵库县 23 岁女大学生"作为日本国内受害者，以匿名"不确定"的方式被表征出来，并被塑造为遭受上司性骚扰的弱者形象。

> （6）#MeTooが始まったのは、昨秋、米ハリウッドの有カプロデューサー、ワインスタイン氏による女優たちへのセクハラ被害の発覚がきっかけだ。…（日本の）#MeTooも女性ブロガーのはあちゅうさんが昨年 12 月に訴え出たことで一時的に盛り上がりを見せたが、過去の発言が批判を浴び、その後は失速気味。海外のように企業にセクハラ対策を取らせる動きにはほど遠い。（去年秋天美国好莱坞著名制片人韦恩斯坦性骚扰女演员们的事件被揭发，这是 #MeToo 运动的开端。……去年 12 月女博主伊藤春香提出控告，（日本的）#MeToo 运动一时间气氛高涨，然而随后其过往言论遭受批评，#MeToo 运动也逐渐冷却。日本企业像海外一样采取性骚扰对策的举动也差得很远。）
>
> （每日新闻，2018.2.9）

例（6）中，从时间角度来看，"韦恩斯坦事件"与"伊藤春香事件"均发生在过去，且韦恩斯坦事件发生时间更早。从空间角度来看，受害者"伊藤春香"和"女演员们"为"我者"，而加害者"韦恩斯坦"和"被控诉人"为"他者"。从价值角度来看，以实名"确定"方式表征的社会行动者"伊藤春香"（受害者）、"韦恩斯坦"（加害者）与读者的心理距离更近；而以群体"非确定"方式表征的受害者"女演员们"以及未在小句中呈现的加害者"被控告人"则与读者心理距离更远。

由于"韦恩斯坦事件"中的加害者和受害者，即"韦恩斯坦"

和"女演员们"出现在同一小句中，因此二者在话语空间上距离更近，所表征出来的矛盾和冲突更为明显；而"伊藤春香事件"中作为"被控诉人"的加害者在小句中属于隐含信息，并未以具体的语言形式呈现，因此受害者与加害者个体间的矛盾与冲突相对淡化。

本小节将社会行动者系统与话语空间模型相结合，分析了反性骚扰新闻话语中社会行动者的认知机制与话语策略之间的互动关系。分析发现，报纸媒体通过指称策略以及句法结构的选择来控制话语空间的伸缩，塑造了不同社会行动者之间的认知距离，即海外"受害者"和"加害者"在话语空间上的距离较近，二者冲突更加激烈，而日本国内"受害者"和"加害者"在话语空间上的距离较远，二者冲突被淡化。然而，作为"#MeToo"运动的日本本土化版本，"#WeToo"运动应运而生。"#WeToo"运动的新闻语篇中，无论日本本土还是海外的"受害者"和"加害者"均多以个体或群体的"确定"方式予以表征，作为"我者"表现出来。

（三）社会结构的讨论

面临性骚扰困境的日本女性不在少数[4]，然而即使在"#MeToo"席卷全球的当时，绝大多数日本国内受害者仍然选择了沉默。区别于海外"受害者"奋起抗争的强者形象，为何日本国内"受害者"多以匿名方式表征，并呈现出相对懦弱的、需要他人保护的"弱者"形象？本章主要以社会性别秩序理论为框架，从社会环境包括政治、经济和文化环境，新闻出版行业和伊藤诗织个案三个层面分析社会性别秩序对日本"#MeToo"运动产生的影响。

4.3.1　社会性别秩序理论的投射

首先，从社会环境来看，日本社会"性别支配"的非对称性也主要体现在"#MeToo"报道的重点领域，即经济、政治世界。衡量全球各国男女平等程度的"性别差距指数"显示，日本在参评的153个国家排在第121位（0.652），位于印度（112位）之后，是发达国家中排名最低的国家。日本社会在"保险"（0.979）和"教育"（0.983）领域成绩骄人，而在"经济"（0.598）和"政治"（0.049）领域的分数显著低下，特别是在政治领域，女性参与情况十分不理想，位于参评国家的后十位（第 144 位）[5]。在性别的非对称性十分凸显的政治领域，女性更难以获得话语权与公平正义，是日本社会中性别差距难以缩小、性别秩序固化的重要的社会因素之一。这种性别上的差距，也导致了性骚扰事件中对于处于"被支配"地位的弱者的不公正。在伊藤诗织事件之前，日本与强奸相关的法律已经有 110 年未被修订过。这导致与强奸相关的法律存在着大量的漏洞与无法可依的状况，且一旦涉及政要，往往能得到灰色的庇护。伊藤诗织也曾被警方劝阻报案，理由是，"对方是有名望、有地位的人物，你今后恐怕没法在新闻界立足，以往付出努力换来的人生也泡汤了"[6]。众所周知，日本社会秩序相对森严，自上而下的压迫是始终客观存在的。这种谁也不愿意去捅破的潜在等级制度造就了表面上井然有序的社会。因此，报纸媒体在报道时，也会刻意淡化"受害者"和"加害者"之间的冲突，从而尽量少地触及等级制度中的权力者，维持表面的和平。这也是新闻媒体在报道性骚扰事件时，在如何遏制日本社会内部性骚扰问题频发的具体举措上态度消极的原因之一。

从社会文化环境来看，根深蒂固的男尊女卑、性别歧视的文化根源也是造成日本社会"性别支配"的原因之一（源淳子，2015）。其中最明显的就是对女性的"隐忍教育"和"耻感文化"。据日本内阁府男女共同参画局发布的调查显示[7]，受到性侵犯却并未和他人倾诉的原因中，一半以上的女性选择了"感到羞耻无法和别人倾诉"，近三成的女性选择了"如果自己忍耐的话，日子就能这样过下去"。纪录片《日本之耻》中受采访的女高中生说："我们学校是女校，校服是很可爱的水手服。每当我和我的朋友被摸时，我们也都会忍着，'没办法啊，毕竟是女高中生'"[8]。在她们的潜意识里，女高中生被性骚扰仿佛已经成了日本社会再正常不过的事情了。而且，日本很多女性从小就被教育不能说"不"，要学会隐忍，女性表达自己的观点，是"非女性化"的行为。更有一些人认为，像伊藤诗织一样，公开自己受到性侵的经历是一种耻辱。正如美国人类学家鲁思·本尼迪克特在《菊与刀》中提到的，"罪感文化社会的人们按照心中的绝对道德命令生活，一旦犯错，即使别人毫无察觉，也会痛苦自责，而处于日本这样"耻感文化"社会的人依照外人的观感和反应来行事，只有当被发现时才有羞耻感，失去外来强制力便要瞒天过海，是缺乏自省力的文化"。正是由于这种"隐忍教育"和"耻感文化"，日本女性在面对性骚扰时产生了作为女性应该隐忍、如果向人倾诉受到性侵的经历则会感到耻辱，如果没人知道则没有那么强烈的羞耻感，从而更多地选择了隐忍。

从新闻出版行业的角度来看，根据 *Global Report on the Status of Women in the News Media* 的调查显示[9]，日本新闻从业人员中，女性从业者仅占 15%，其中从事编辑的男女比例是 7:1。而在中级管理层中女性占 4.8%，高级管理层中占 1.4%。由此可见，新闻界男性拥有绝对的性别权力，这也是新闻界成为日本"#MeToo"运动爆发地的主要原因之一。话语权由男性把持使得女性声音过于弱小，处于"噤声"状态，在美国的"#MeToo"运动发生之前，日本国内几乎没有媒体愿意报道伊藤诗织事件，大多数性骚扰或性犯罪的受害者个体面对新闻媒体也都选择了沉默，即使是勇于控诉的"强者"，也很难从职场、媒体、政界得到所期待的理解和帮助，甚至还会受到来自周围及社交媒体的二次伤害。

最后从伊藤诗织事件的角度来看，为什么伊藤诗织事件能够在日本引起轩然大波呢？首先，与伊藤诗织的个人经历使得她与传统日本女性不同，面对性骚扰敢于抗争有关。早在初中时期，伊藤诗织因为从事模特工作引起同学的侧目，触犯了校园的"潜规则"——不能引人注目，稍微有一点出格，就会被视为"异类"，最终演变成校园霸凌。伊藤初中毕业后为了接触外面的世界，探索自身的可能性，不顾父母反对，一人去美国堪萨斯州的高中留学。随后在纽约的大学修习新闻和摄影专业，成为一名记者是她的目标。由于留学生活费用上的困窘，伊藤诗织课外打工赚取学费。伊藤长年在海外的求学经历使得她独立、自强，并且受到西方文化的影响，面对不公敢于抗争，面对性侵害选择了维权。此外，记者的职业经历也使她意识到在司法维权之路上遇到障碍时可以利用媒体的力量与性骚扰行为进行抗争。其次，伊藤事件的加害者身份也非常特殊，山口敬之曾任日本 TBS 电视局华盛顿分社社长，也是首相安倍晋三的御用记者，曾为安倍写过两本传记——《总理》和《暗斗》，其政治地位可见一斑，因而引发了巨大的关注。二者之间身份地位相差十分悬殊，导致了"性别"和"权力"极度不均衡，可以说伊藤诗织事件是日本社会的一个偶然事件，难以复制，这也是为何"#MeToo"运动在日本暗淡的原因。

4.3.2 日本"#Metoo"运动的未来

在"#MeToo"运动难以发声的情况下，伊藤诗织和志同道合的朋友们从 2018 年 2 月开始推动名为"#WeToo Japan"的运动，焦点不仅限于个体受害者的控诉，而是以群体的力量来发声。其主要理念有三个：不做旁观者，无论怎样的骚扰和暴力都绝不容忍；支持一切面对性骚扰而发声的人；为了"将来"而努力[10]。2018 年 4 月，作为"#MeToo"运动的发展，"#WithYou"作为一个新的标签应运而生，该标签旨在鼓励性骚扰受害者挺身而出，也鼓励支持、声援性骚扰受害者的人使用。日本对群体和谐的强调，造成了强大的文化和社会压力，迫使性骚扰和暴力仍然是私事。这种避免对抗的社会压力和社会和谐的破坏使得女性很难公开（Linda Hasunuma & Ki-young Shin，2019）。"#WeToo"和"#WithYou"标签的出现不仅适应了日本"合群"的文化，降低了受害者反抗性骚扰的心理门槛，使得难以开口讲述自己受害经历的女性可以以声援的形式反抗性骚扰行为，更壮大了反性骚扰的力量，使得男性也可以加入到反性骚扰运动中来，以更大范围的群体力量对抗日本社会"性别支配"的非对称性。

在福田淳一性骚扰女性记者事件被曝光之后，2018 年 5 月，日本女性记者组成了一个非正式的组织网络（Women in Media Network in Japan，WiMN)[11]，旨在通过提高女性在新闻出版行业的话语权来保障女性权益，消除包括性骚扰在内的对女性的人权侵害。2019 年，日本女演员、自由作家石川优石发起了抵制女性在职场必须穿高跟鞋的"#KuToo"运动（ku 具有"痛苦"kutsuu 和"鞋子"kutsu 的双重含义)，反对社会对女性的不合理要求与束缚，对抗日本社会的"性别秩序"。WiMN 和"#KuToo"运动的出现可以看出日本女性的平等意识和反抗精神正在觉醒，正在为捍卫自己的权益而斗争。虽然根深蒂固的日本社会的"性别秩序"难以在短时间内完全改变，然而性别平等是社会发展的必然趋势，"#WeToo"运动、"#WithYou"运动和"#KuToo"运动是长期受压迫的日本女性反抗的必然结果。随着这些女权运动的发展，不仅仅是性骚扰问题，日本社会由来已久的性别秩序将发生重大改变。

五　结语

本章以批评话语分析的"话语—认知—社会三角"理论为分析视角，将 van Leeuwen 社会行动者系统的可操作性与 Chilton 话语空间模型的可视化特征相结合，提出了反性骚扰新闻话语的社会行动者分析框架，并以日本报纸中"#MeToo"运动新闻报道为例，从（反）性骚扰新闻事件中"受害者"和"加害者"的表征策略、认知机制两个方面探究了日本（反）性骚扰事件区别于欧美等国家的特点，并挖掘了其背后的社会结构成因。

研究发现：(1) 以《每日新闻》为代表的日本主流报纸媒体支持"#MeToo"运动的开展，但关注的焦点集中于海外，且日本本土与海外"受害者"的表征策略差异明显，来自海外的"受害者"多以"确定"策略表征，建构奋起抗争的强者形象，而日本社会视域下的"受害者"虽形象多元，但在注重"加害者"权力、地位身份的语境下，多被表征为懦弱的、需要他人保护的"弱者"；"加害者"多以"确定"命名策略表征，统一呈现为位高权重的施暴者形象；

（2）以"确定"策略表征的"受害者"多位于主语位置，而以"非确定"方式表征的"受害者"多位于宾语位置，相对群体化的受害报道，报纸媒体有意刻画个体受害者的苦痛经历及其抗争过程；

（3）海外"#MeToo"运动中"受害者"和"加害者"之间的价值矛盾与冲突在语言形式上表现得更为激烈，而日本国内"受害者"和"加害者"这一对行为主体时常不在同一小句中出现，二者间的时间、空间、价值三个维度的对立与矛盾刻意被淡化。

分析认为，反性骚扰的举步维艰与日本社会根深蒂固的"性别秩序"息息相关。具体表现在：从社会层面来看，男性在政治、经济上具有绝对的支配权力，"隐忍教育"和"耻感文化"使得受害者面对性骚扰羞于启齿；从新闻出版行业来看，男性占据了话语权，女性处于"噤声"状态，性骚扰事件难以被广泛报道；从伊藤诗织案件来说，受害者和加害者特殊的个人经历以及二者之间权力的极度不均衡使得该案件难以复制，因此"#MeToo"运动在日本暗淡下来。然而性别平等作为社会发展的必然趋势，以群体形式来发声的"#WeToo"运动、"#WithYou"运动和"#KuToo"运动是日本女性在长期被压制下反抗的必然结果。我们也期待在这些女权运动的推动下，不仅是日本的性骚扰现象，存在于日本社会的"性别支配"也能够得到更大的改善。

[注释]

[1] Trump laments #MeToo as 'very dangerous' for powerful men[N]. Washington Post, Sep 26, 2018.

[2] 法務省. 刑法の一部を改正する法律案（平成 29 年 7 月 13 日）[EB/OL].
http://www.moj.go.jp/keiji1/keiji12_00140.html, [2020-04-02].

［3］伊藤詩織さん、山口敬之との例の件を「枕営業」と揶揄した漫画家ら3人を提訴も［EB/OL］．https://www. hachi8. me/pillow-sales-for-example,［2020-09-15］.

［4］#WeToo Japan. 公共空間におけるハラスメント行為の実態調査（2019年1月21日）［EB/OL］．https://we-too. jp/,［2020-04-05］.

［5］World Economic Forum. The Global Gender Gap Report2020［EB/OL］．https://www. weforum. org/reports/the-global-gender-gap-report-2020,［2020-09-20］.

［6］［8］BBC. 2018. JAPAN'S SECRET SHAME［EB/OL］．https://www. bbc. co. uk/programmes/b0b8cfcj,［2020-04-05］.

［7］内閣府男女共同参画局．男女間における暴力に関する調査報告書（平成30年3月）［EB/OL］．http://www. gender. go. jp/policy/no_violence/e-vaw/chousa/pdf/h29danjokan-gaiyo. pdf,［2020-08-20］.

［8］International Women's Media Foundation Presents 2018 Courage In Journalism Awards(Oct 25. 2018)［EB/OL］．https://www. iwmf. org/resources/global-report-on-the-status-of-women-in-the-news-media/INTERNATIONAL,［2019-09-20］.

［9］情報産業労働組合連合会．2018.（特集）「#MeToo」から「#WeToo」へハラスメントのある社会の一員でいいですか?［EB/OL］．http://ictj-report. joho. or. jp/201806/sp06. html,［2020-09-20］.

［10］Women in Media Network in Japan 官方网站：https://wimnjapan. net/

第七章　日本主流媒体中能源 话语的指称空间分析
——以重启核电社论为例

本章以日本重启核电新闻话语为例，自建小型专题语料库，结合认知语言学的指称空间理论，从空间、时间、价值三个维度探析"零核电"与"重启核电"社论中话语生产者对"中央政府"、"核电企业"以及"地方民众"三类社会实践主体的话语策略使用差异及其背后的认知机制。研究发现：《读卖新闻》与《朝日新闻》两大报纸在"是"与"否"的冲突语境下，借助空间维度的指称策略和价值维度的情态系统，调节着三类社会实践主体与指称中心的距离，以此表达对日本政府能源政策调整的立场与态度，并实现说服读者的目的。

一　批评认知语言学与能源话语

近年来，批评话语研究与认知语言学的融合日渐深入，众多学者尝试使用批评隐喻分析、话语空间模型、概念整合以及图式化等认知语言学的理论与方法从事话语研究（Chilton，2004；Hart & Cap，2014；Cap，2017；刘文宇和胡颖，2020；张辉和张艳敏，2020）。认知语言学相关理论，在解构语言、揭示语言背后所隐藏的立场、观点和态度方面，凭借其图示化、直观性强和空间效果好的特点，显著增强了话语研究的解释力。然而，现阶段认知语言学相关理论在话语研究中的应用仍多以个案分析的质性研究为主，缺乏历时维度下的量化研究。另外，上述源起于西方话语体系的话语研究理论与方法，能否适用于以日语、韩语为代表的东北亚话语体系，也需要进行跨语种的应用检验与讨论。

　　能源话语是指围绕能源的生产、运输、消费、政策制定和战略规划等诸多议题而产生的话语，是具有一定立场、观点和态度的社会实践（赵秀凤，2018：66）。能源话语的生产者主要包括政府或国际组织、能源企业、新闻媒体、研究学者等，其中新闻媒体是能源话语大众传播的最主要渠道。自2011年日本福岛核电站泄漏事件发生以来，日本的能源政策发生了从"零核社会"到"重启核电"的大逆转（王晓峰和王桂敏，2019）。日本发行量最大的两家报纸《读卖新闻》和《朝日新闻》围绕是否重启核电的争论，就是能源话语作为社会实践的重要表征。

　　本章以日本重启核电新闻话语为例，以自建小型专题新闻语料库为基础，结合认知语言学中的话语空间模型理论，从空间、时间、情态三个维度探析"零核电"与"重启核电"新闻社论中话语生产者对"中央政府"、"核电企业"以及"地方民众"的话语策略使用差异及其背后的认知机制。为厘清日本政府能源政策变迁与新闻话语之间的互动关系提供语言学层面的参考。

二　理论框架

（一）指称空间理论

　　指称空间理论源于 Chilton（2004）提出的话语空间理论（Discourse Space Theory）。话语空间理论认为，人们在处理话语时始终会以说话人所处的位置为原点，通过空间（space）、时间（time）和情态（modality）三个维度"定位"其他话语实体。指称空间（Deictic Space）是话语空间的衍生，其将情态维度拓展到了价值维度。如图7-1所示，指称空间模型（Deictic Space Model）被定义为由时间轴（Temporal Axis）、空间轴（Spatial Axis）与价值轴（Axiological Axis）构成的三维轴系，三条轴的交界中心为指称中心（Deictic Center）（Chilton，2010：193）。

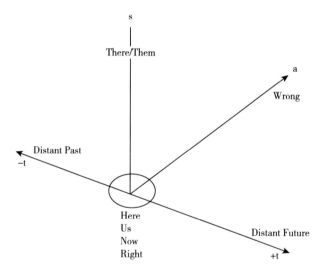

图7-1　指称空间模型（Chilton, 2010: 193）

　　"时间轴"（t轴）以文本当前的时间点为参考原点，负半轴表示过去，正半轴表示将来，距指称中心的距离表示时间的长度。"空间轴"（s轴）表示与起点相对意义上的概念距离尺度，包括物理空间和社会心理空间。"价值轴"（a轴）表示话语产生者对事件的评价、情感和态度，距离指称中心较近的为可能性大的、正确的实体，距指称中心较远的为可能性小的、错误的实体（Chilton，2014：31）。因此，"指称中心"代表话语生产者或受众在空间（here）、时间（now）与价值（right）上的中心视角。

指称空间模型为解码话语实践背后的立场、价值、意识形态提供了图式化模型，即从时间、空间和价值三个维度定位话语中的"其他"（other）实体和事件与"自身"（指示中心）的距离。该理论因图示化直观性强和空间效果好的特点，广泛应用于政治话语分析（Cap，2015；Xu，2015；武建国和牛振俊，2018；Ullmann，2019；刘文宇和胡颖，2020）。然而，学者们在指称空间模型"价值轴"语言标识的识解方式上存在一定差异，基于个案讨论的定性研究也常因结论的主观性备受诟病。

（二）日语新闻语篇与指称空间模型

识解（Construal）是将认知语言学的理论与方法应用于话语研究的基石。结合日语语言学及新闻语篇的特征，在指称空间理论视域下探讨时间、空间和价值三个维度的识解操作。

"时间"维度，可分为相对时间（relative time）和绝对时间（absolute time）（李静波和金立鑫，2016：21）。在分析单一语篇或文本时，可以选取相对时间的语言标记，即"～た"（过去）"～ている"（现在）"～ていた"（过去现在）"～る"（现在/未来）等表示时态的语法形式，以及"2年前"（2年前）"これから"（今后）等表达时间类的词汇作为时间标度。不过，从历史性视角分析多个不同时间段的语篇，如围绕同一事件的多篇新闻报道，相对时间的概念则难以厘清事件成立时的时间与现在（now）之间的逻辑关系，此时，"2012年"、"東京オリンピックの時"（东京奥运会时）等以具体年份、历史事件为标度的绝对时间则更为适用。

"空间"维度，可分为地理空间和隐喻的社会心理空间（Chilton，2004：58）。地理空间包括"日本"（日本）"ここ"（这儿）"あそこ"（那儿）等表示地点方位的名词或指示词，而社会心理空间包括"私たち"（我们）"政府"（政府）"民衆"（民众）等指称词。指称空间模型中的空间维度借助表示地理空间的方位词以及表示社会心理空间的指称词区分"我者"及"他者",定位或调节话语实体间的距离。

"价值"维度,一般通过表示评价、态度和情感意义的形容词、副词、情态词等来识别(Chilton,2014:31)。然而,以日语政治类、新闻类语篇为例,因受语言特征及语篇体裁的限制,形容词及副词等显性态度表达的使用相对有限,情态系统成为了识解话语生成者对命题态度的最有效手段。

情态(modality)是说话人对命题的判断和态度的表达,具有评价功能(Lyons,1977:452)。聚焦功能语言学视角下的日语语言学中的情态系统,早川知江(2012)指出,英语中情态动词的高、中、低三类量值等级分类不适用于日语,按照说话人涉入命题的程度及语句的倾向,以可能性情态为例可以尝试将日语的情态系统分为主观(subjective)和客观(objective)两类。在此基础上,角冈贤一(2016)又按功能将日语中的情态分为能力(ability)、言据性(evidentiality)、可能性(probability)、经常性(usuality)、义务性(obligation)和意愿性(willingness)六大类型,并在此基础上做了主、客观倾向的划分。本章将系统功能语言学视角下的日语情态系统总结为表7-1。

表7-1　　　　　　　　系统功能语言学视角下的情态分类

	主观情态	客观情态
能力		することができる
言据性	らしい、ようだ、そうだ、そうに(も)ない、みたいだ	という、って、ということだ、とのことだ
可能性	に決まっている、はずだ、だろう、かねない、ような感じだ/感じがする、と感じる、気がする、と思う、と思っている、恐れがある	に違い(相違)ない、可能性がある、可能性が高い、かもしれない(ぬ)、かもわからない、とは限らない、ほうがましだ

	主观情态	客观情态
经常性	しないわけでもない	ことが（も）ある、場合がある、ことは（も）ない、する機会がある
义务性	なければならない、なければ/なかったら/ないといけない、わけにはいかない、べきだ、（で）てもいい、で（て）もかまわない、ば/たら/といい、がいい	しかない、（なく）てはいけない/ならない/だめだ、必要がある、ことが必要だ、ことが不可欠だ、ことが当たり前だ、ことが当然だ、ざるを得ない、義務がある、ことが義務だ、てはいけない/ならない/だめだ、ちゃいけない
意愿性	つもりだ、つもりではない、気でいる、気ではない、たい、よう/ろう	

  Verstraete（2004：248）认为，主观情态代表话语生产者内心所认可的"真实"，并愿意为此做出承诺，即赞成该事件；而客观情态则代表话语生产者质疑的"非真实"，即反对该事件。角冈贤一（2016：262）指出，主观情态能够拉近话语生产者与接受者之间的心理距离，而客观情态则会保持或扩大二者之间的心理距离。因此，我们将主观情态放置于价值轴（a 轴）的近端，而客观情态置于价值轴的远端。主、客观情态的划分以及基于功能的情态分类极大地增强了日语情态系统在语篇分析上应用的可能，与语料库研究方法相结合，还可以提升话语研究过程的准确性和可重复性，以弥补指称空间模型定性个案分析中说服力不足的缺陷。

三 研究设计

（一）研究问题

本章以日本重启核电新闻话语为例，以自建小型专题新闻语料库为基础，结合话语空间模型，从空间、时间、价值三个维度探析"零核电"与"重启核电"新闻社论中话语生产者对"中央政府"、"核电企业"以及"地方民众"的话语策略使用差异及其背后的认知机制。具体包括以下三个子问题：

（1）时间维度上，话语生产者对三类社会实践主体"地方民众"、"中央政府"和"核电企业"的态度发生了怎样的历时变化？

（2）空间维度上，话语生产者是如何指称处于不同阶段、不同心理空间的社会实践主体的？

（3）价值维度上，话语生产者是如何利用情态系统表达自己的对能源政策的态度与立场，实现其说服读者的目的的？

（二）数据来源

以"再稼働"（重启核电）为关键词，从日本发行量最大的两大报纸《读卖新闻》和《朝日新闻》的在线语料库中检索 2011 年 3 月 11 日（日本福岛核泄漏事故）至 2020 年 3 月 11 日期间新闻标题中包含上述关键词的社论，自建小型专题新闻语料库，置于"当代日本社会现象专题新闻语料库"之中。语料数量分别为 40 篇（39574字）和 32 篇（39839 字）。

（三）研究流程

参照 Chilton（2010）的指称空间模型，我们就"时间"、"空间"和"价值"三个维度对语料进行分析，具体分析流程如下：

"时间"维度，选取绝对时间即自然时间作为 t 轴的基准，以日本政府能源政策从"零核社会"到"重启核电"的大调整来划分新闻新语料的时间段。

"空间"维度，采用社会心理空间的概念，借助语料库文本分析工具 KH Coder3.0 提取并比较"零核电"和"重启核电"两个阶段中两家报纸媒体对"中央政府"、"核电企业"以及"地方民众"的所有指称词，比较不同阶段心理空间的变化情况。

"价值"维度，参照早川知江（2012）和角冈贤一（2016）的情态分类（表1），确立新闻语料的附码规则，对包含"中央政府"、"核电企业"及"地方民众"这三类社会实践主体的小句中的情态表达进行赋码、分类，比较不同阶段、不同报纸媒体在情态系统使用上的差异。

四　重启核电新闻话语的指称空间分析

本章首先从时间、空间和价值三个维度解构能源话语的语言特征，然后将分析结果投射到指称空间模型上，探讨能源话语背后的认知机制。

（一）时间维度分析

本章以自然时间为基准划分新闻社论的"时间"维度。2011年3月福岛核泄漏事件发生后，日本各地爆发了大规模的"再见核电"游行示威活动[1]。为顺应这一民意，当时的民主党内阁下令逐步关闭核电站，并在次年的《能源与环境创新战略》（2012）中提出了2030年日本社会实现"零核电"的目标。

2012年12月自民党上台组阁，并于次年1月否认了"没有任何依据"的"零核电"政策，随后决定重启核电[2]。并在能源政策改革上，于《第五次能源基本计划》（2018）[3]中明确提出，日本要保持2030年核电占比20%—22%的发展目标。

从以上分析可知，2011年至2020年的十年间，日本政府的核电政策实现了由"零核电"构想到大力恢复核电发展的逆转。然而，在这十年间作为能源话语大众传播的最主要渠道，《读卖新闻》支持"重启核电"、《朝日新闻》倡导"零核电"，两大媒体对能源政策的态度始终如一（名嶋义直和神田靖子，2005；生田目学文和春川美

当代日本社会现象的话语建构研究

土里，2020）。

因此，为厘清能源新闻话语的历时变化，如表 7-2 所示，根据日本政府能源政策的转变以及不同媒体的核能主张，将"时间"维度划分为"民主党执政期"（2011.3—2012.12）的"零核电"倡议阶段和"自民党执政期"（2013.1—2020.3）的"重启核电"发展阶段（表7-2）。

表 7-2　　　　　　　　日本能源政策的"时间"维度

报纸	民主党执政期间 （零核电）		自民党执政期间 （重启核电）	
	篇数	字数	篇数	字数
读卖新闻	16	15,922	24	23,652
朝日新闻	11	11,342	21	28,497

（二）空间维度分析

空间维度主要是通过名词、指示代词、人称词等指称表达来定位。话语接受者会通过指称表达来判断事物或事件与指称中心（self, here）的距离。社论中主要包括三大类能源话语的社会实践主体，即政府、企业和民众。其中，政府包括中央以及地方政府，企业包括核电企业和其他企业，民众包括地方民众和全国民众。由于地方政府、其他企业和全国民众在文本中出现次数较少，本章主要关注"中央政府"、"核电企业"和"地方民众"这三类主体，不同阶段的指示词统计如表 7-3 所示。

在民主党执政期间，《读卖新闻》中"中央政府"的指称词每万字出现次数（89）显著多于《朝日新闻》（40）（$X^2 = 20.81$，df = 1，p<0.01），说明《读卖新闻》对"中央政府"这一社会实践主体的关注程度明显高于《朝日新闻》。"中央政府"这一类主体的高频共现词（共现频次≥10）包括"信赖（ない）（（不）信任）"、"责任（责任）"、"混乱（混乱）"、"紧急（紧急）"等消极语义韵十分强烈

— 134 —

的词汇，用以批判政府的"零核电"造成了国内电力不足的惨状，导致了经济混乱，其不负责任的行为已经失去选民的信任，重启核电刻不容缓，如（1）。

表7-3　　　　　　三类社会实践主体的指称词统计

时间	指称对象	指称词（词频/每万字词频）	
		读卖新闻	朝日新闻
民主党零核电阶段	中央政府	政府/政权/保安院/内阁（90/57）[4]	政府/保安院/政权（32/28）
		首相/委員（44/28）	首相/委員（14/12）
		民主党/自民党（16/4）	
	核电企业	大飯原発（21/13）	大飯原発（10/9）
		関電/東京電力/関西電力（32/20）	関電/関西電力/東京電力（23/20）
		（電力）会社（8/5）	（電力）会社（14/12）
	地方民众	地元/住民（37/23）	住民/市民/民意/県民（23/20）
		自治体（19/12）	自治体（7/6）
自民党重启核电阶段	中央政府	政府（39/16）	政府/政権（47/16）
		委員（22/9）	委員（26/9）
	核电企业	高浜原発/玄海（23/10）	高浜原発（18/6）
		東電/関電/東京電力/九州電力/四国電力/東北電力（92/39）	東電/関電/関西電力/九州電力/東京電力/原電（102/36）
		（電力）会社/各社（22/9）	会社（22/8）
	地方民众	自治体（31/13）	自治体/市町（94/33）
		地元/住民/周辺（37/16）	住民/地元/周辺（136/48）

（1）菅政権の下で原子力発電所の再稼働問題が混迷を深めている。1年以内に全原発が停止し、深刻な電力不足に陥ることも現実味を帯びてきた。（在菅直人政权下，核电重启问题越发混乱。现实状况是，1年内停止所有核电站，很可

能陷入严重的电力不足。)

（笔者译，下同）（读卖新闻，2011.7.8）

而在自民党执政期间，《读卖新闻》中"地方民众"的指称词每万字出现次数（29）显著少于《朝日新闻》（81）（$X^2 = 24.58$，df = 1，p<0.01），说明《朝日新闻》更关注"地方民众"这一主体，其高频共现词（共现频次 ≥ 10）包括"避難（避难）"、"不安（不安）"、"被害（受害）"、"危険（危险）"等消极语义韵的词汇。如例（2）所示，《读卖新闻》通过传递地方民众的不安情绪、揭示核电存在安全隐患，以达到其批判政府激进的核电政策，主张实现"零核社会"的愿望。

(2) 福島の事故後、周辺市町村の住民も事故に<u>不安を抱き</u>、「立地並み」の協定を望む声が各地の自治体から相次ぐ。
（福岛事故发生后，周边市町村的居民也对事故感到不安，各地的自治体相继发出了希望缔结"区域间"安全协定的呼声。）

（朝日新闻，2015.2.14）

通过分析"空间"维度下不同社会实践主体指称词的历时变化，我们发现：《读卖新闻》在民主党执政期间从"国内电力供应不足"、"影响经济发展"等方面批判"政府不作为"，将"中央政府"推至距离指称中心较远的"他者"范畴。另一方面，《朝日新闻》在自民党执政时期，主要从"核电安全存在隐患"以及"重启核电有违民意"等方面论述日本应走向"零核社会"。随着日本能源政策的调整，"中央政府"与指称中心的距离变化最为明显。

（三）价值维度分析

本章将日语的情态系统作为价值维度（a 轴）分析的语言指标。首先按主、客观情态对包含"中央政府"、"核电企业"和"地方民众"这三类主体的小句进行赋码，《读卖新闻》共计 420 句，《朝日新闻》共计 459 句，并统计了不同阶段主、客观情态的使用情况（表 7-4）。

表 7-4　　　　　三类社会实践主体主、客观情况的使用情况

阶段	报社	中央政府		核电企业		地方民众	
		主观情态	客观情态	主观情态	客观情态	主观情态	客观情态
民主党执政时期	读卖新闻	28/45	16/30	3/12	5/20	14/50	9/37
	朝日新闻	13/70	4/22	2/13	2/13	10/51	12/62
	χ^2	5.44*	n. s.	n. s.	n. s.	n. s.	6.31*
自民党执政时期	读卖新闻	19/56	2/6	16/29	5/10	8/32	5/20
	朝日新闻	11/28	7/22	20/35	16/29	29/36	21/26
	χ^2	9.33**	9.14**	n. s.	9.26**	n. s.	n. s.

注：* $p<0.05$，* * $p<0.01$

如表 7-4 所示，两家报纸媒体针对不同社会实践主体的情态使用上存在明显差异。民主党执政期间，对于"中央政府"这一社会实践主体，《朝日新闻》更倾向使用"だろう（可能）"、"べきだ（义务）"等主观情态（$\chi^2=5.44$，df=1，$p<0.05$）来评价政府顺应民意、关闭核电站的做法，对倡导"零核电"的政府的态度更为积极。

另一方面，自民党执政时期，对于"中央政府"，《读卖新闻》多使用"なければならない（义务）"等主观情态（$\chi^2=9.33$，df=1，$p<0.01$），来说明重启核电、发展经济是政府的责任和义务，试图以此影响政府的能源决策；而《朝日新闻》则多使用"とのことだ

（言据）"、"ことが義務だ（义务）"等客观情态（$x^2 = 9.14$，$df = 1$，$p < 0.01$），来批判政府忽略地方民众的呼声、不顾民众安全执意重启核电的行为。这也印证了《读卖新闻》与自民党态度一致，支持核电站的重启，而《朝日新闻》则态度相反，倡导"零核电社会"的立场。另外，《朝日新闻》对"核电企业"态度消极，多使用"という（言据）"等客观情态（$x^2 = 9.26$，$df = 1$，$p < 0.01$），批判其核电站审核制度不完善、存在安全隐患。对于"地方民众"，两家报纸媒体在情态使用上并无差异。

为明确"零核电"与"重启核电"语篇中不同类别情态的使用差异，我们又按照功能统计了六类情态的使用情况（表7-5）。不过，其中能力和经常性情态在文本中几乎未出现，在此不做关注。

表7-5　　　　　　　　不同类别情态的使用情况

情态分类	时间	民主党执政期间			自民党执政期间		
	主体	中央政府	核电企业	地方民众	中央政府	核电企业	地方民众
言据性	读卖新闻	4/7	1/4	2/8	0/0	1/2	2/8
	朝日新闻	3/16	1/5	6/34	5/16	7/12	5/6
	x^2	n. s.	n. s.	16.10**	16.00**	6.74**	n. s.
可能性	读卖新闻	6/11	1/4	2/8	3/9	6/12	3/12
	朝日新闻	5/27	1/5	3/17	1/3	3/5	6/8
	x^2	6.74**	n. s.	n. s.	n. s.	n. s.	n. s.
义务性	读卖新闻	29/52	5/20	13/54	15/47	11/21	10/41
	朝日新闻	6/33	2/11	5/28	8/25	18/34	20/24
	x^2	4.25*	n. s.	8.24**	6.72**	n. s.	4.45*
意愿性	读卖新闻	4/7	1/4	4/17	2/6	4/8	2/8
	朝日新闻	3/16	2/11	6/34	2/6	5/9	6/8
	x^2	n. s.	n. s.	5.67*	n. s.	n. s.	n. s.

注：$* p < 0.05$，$** p < 0.01$。

言据性情态是指说话人的知识来源及其对说话内容的评价（角冈贤一，2016：54）。与《读卖新闻》相比，民主党执政期间，《朝日新闻》提及地方民众时，更倾向使用"というのである"、"という"等客观言据性情态（$X^2 = 16.09$，$df = 1$，$p<0.01$），譬如引用地方民众希望减少核电的诉求，用来佐证"零核电"社会倡议的合理性；而在自民党执政期间，《朝日新闻》则批判政府的决策，或如（3）引用反对重启核电专家学者的话语，例证重启核电的危险性。

(3) 日本火山学会…噴火予測の限界やあいまいさの理解が不十分<u>というのである</u>。(日本火山学会……指出原子能监管委员会对火山喷发预测的界限和暧昧性的理解不够充分。)

（朝日新闻，2014. 11. 5）

可能性情态表示说话人对所言内容可能发生的程度的判断（早川知江，2012：286），即信息在多大程度上有可能是这样，语义介于绝对断言与否认之间。民主党执政期间，《朝日新闻》使用"だろう"、"と思う"等主观可能性情态的频率明显高于《读卖新闻》（$X^2 = 9.00$, $df = 1$，$p<0.01$）。如（4）所示，强调政府尽力减少核电是获得民众信任的前提。

(4) 安全対策が十分に整わない今夏は、原発による電力が欠かせなくなっても、必要最低限のものしか動かさない。政府がそう打ち出すことが、国民の理解を得る最低条件<u>だろう</u>。(在安全对策不够完善的今夏，即使核电站的电力不可缺少，但也只允许最低限度的核电站运行。政府提出这样的政策，是获得国民理解的最低条件<u>吧</u>。)

（朝日新闻，2012. 2. 27）

　　义务性情态表示行为的必要性及其程度。民主党执政期间，与《朝日新闻》相比，《读卖新闻》更倾向使用客观义务性情态（$\chi^2 = 4.24$，$df = 1$，$p<0.05$），如"必要がある"、"てはいけない"等批评中央政府的不作为，要求政府根据国内电力不足的状况，尽早做出重启核电的决定，如（5）；而在自民党执政期间更倾向使用主观义务性情态（$\chi^2 = 8.07$，$df = 1$，$p<0.01$），如"なければならない"、"べきだ"给予政府建议，希望政府积极解决"电力供应不足"和"经济发展停滞"的问题。在提及地方民众时，《读卖新闻》多使用主观义务性情态（$\chi^2 = 25.00$，$df = 1$，$p<0.01$），表达重启核电一定要征求地方民众的同意，呈现一种拉拢的姿态。

（5）首相や関係閣僚は時間を空費せず、大飯原発の再稼働を、早期に決断する<u>必要がある</u>。（首相和相关内阁成员<u>有必要</u>尽快做出是否重新启动大阪核电站的决断，不要浪费时间。）

（读卖新闻，2012.4.5）

　　意愿性情态表达说话者对某事物或某行为的执行意愿。在民主党执政期间，提及"地方民众"时，《朝日新闻》意愿性情态的使用频率明显高于《读卖新闻》（$\chi^2 = 5.67$，$df = 1$，$p<0.05$），通过如"たい"、"つもりだ"等主观意愿性情态传达地方民众反对重启核电的愿望，论证自己主张"零核电"的正确性，如（6）。

（6）全国の原発 54 基のうち 53 基が停止している背景には、「原発を減らし<u>たい</u>」という多くの人の意思がある。（全国 54 座核电站中 53 座停止运行的背后，是很多人"<u>希望减少核电站</u>"的意愿。）

（朝日新闻，2012.3.27）

本小节探讨了重启核电新闻话语中，不同社会实践主体的情态使用差异。《朝日新闻》在民主党执政时期，更倾向于使用主观可能性情态表达其支持中央政府"零核社会"的倡议，并借助客观言据性情态、主观意愿性情态传达地方民众反对重启核电的意愿；而在自民党执政时期，多使用客观言据性情态反对中央政府重启核电的决定。《读卖新闻》在民主党执政时期更倾向于使用客观义务性情态呼吁政府积极应对国内电力危机，尽快重启核电；而在自民党执政时期，则倾向于使用主观义务性情态支持中央政府重启核电站的决定，使用主观义务性情态拉拢地方民众使其同意重启核电。

（四）指称空间模型分析

指称空间的轴线系统构成了"作者眼中的基本现实"（Chilton，2010：196）。在此将时间、空间、价值三个维度的调查结果投射到指称空间模型上，还原《读卖新闻》和《朝日新闻》社论构建的"现实"（图7-2，图7-3）。

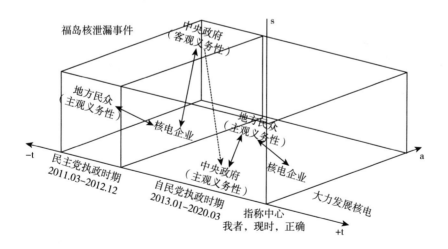

图7-2　《读卖新闻》重启核电的指称空间模型分析

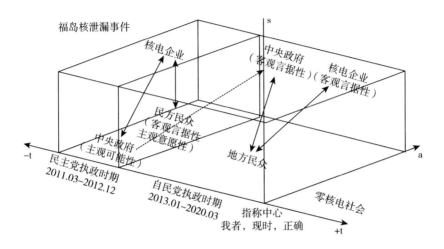

图7-3 《朝日新闻》重启核电的指称空间模型分析

指称空间模型中，时间轴（t轴）上，负半轴的最左端代表2011年3月的福岛核泄漏事件，左侧立方体代表2011年3月—2012年12月的民主党执政时期，即"零核电社会"倡议阶段；右侧立方体代表2013年1月—2020年3月的自民党执政时期，即支持"重启核电"阶段。t轴正半轴代表未来，即《读卖新闻》希望大力发展核电，而《朝日新闻》则倡导零核社会。

具体来看，图2为《读卖新闻》重启核电相关社论的指称空间模型分析。由于"中央政府"的能源政策由倡导"零核电"调整为支持"重启核电"，与《读卖新闻》的立场从对立走向一致。因此，随着时间的推移，"中央政府"被从空间轴（s轴）的远端拉近至离指称中心更近的s轴近端。"零核电"倡议阶段，《读卖新闻》更倾向于使用"ことが当然だ"、"義務づける"等客观义务性情态，来批判"中央政府"没有履行发展经济的职责。而在"重启核电"阶段，则改为使用"なければならない"、"べきだ"等主观义务性情态，向政府提出加速重启核电的建议。由此，《读卖新闻》在支持"重启核电"的社论主张下，随着时间（t轴）的推移，将"中央政府"从距离指称中心较远的"他者"范畴逐步拉至空间（s 轴）和价值（a 轴）层面更贴近指称中心的"我者"范畴。

另一方面，"核电企业"与《读卖新闻》的立场一致，支持重启核电，其自始至终位于空间轴（s 轴）的近端，即"我者"的范畴。"地方民众"虽然反对重启核电，但为争取民意，《读卖新闻》多使用"べきだ"、"なければならない"等主观义务性情态，强调要加强对地方的支持，争得"地方民众"的同意。因此，"地方民众"位于空间轴（s 轴）的中间位置。

图 3 为《朝日新闻》重启核电相关社论的指称空间模型分析。由于能源政策的调整，"中央政府"被从离指称中心更近的空间轴（s轴）的近端推至 s 轴远端的"他者"范畴。"零核电"倡议阶段，《朝日新闻》多使用如"だろう"、"に決まっている"等主观可能性情态，强调只有"弃核"才能获得民众的支持。而在"重启核电"阶段，多使用"という"、"というのだ"等客观言据性情态，引用专家的论证和"地方民众"的抗议，批判政府重启核电的政策。由此，《朝日新闻》在反对"重启核电"的社论主张下，随着时间（t 轴）的推移，将"中央政府"从离指称中心更近的"我者"范畴推至空间（s 轴）和价值（a 轴）层面离指称中心更远的"他者"范畴。

另一方面，"核电企业"支持重启核电，与倡导"零核电"社会的《朝日新闻》态度相反，其被置于空间轴（s 轴）的远端。而"地方民众"自始至终都是"零核电"的支持者，《朝日新闻》通过"という"等客观言据性情态、以及"たい"、"気でいる"等主观意愿性情态，来传达"地方民众"希望停止核电运营的意愿。"地方民众"始终位于空间轴（s 轴）的近端。

以上分析可知，民主党执政的"零核电"倡议阶段，"中央政府"与"地方民众"因反对重启核电，而与"核电企业"处于对立状态；而民主党执政期间，"中央政府"转为支持重启核电，与"核电企业"利益重合，二者与"地方民众"之间的冲突与对立在指称空间上表现得愈发明显。

五　结语

本章以日本重启核电新闻话语为例，结合认知语言学中的话语空间模型，从空间、时间、价值三个维度探析"零核电"与"重启核电"新闻社论中话语生产者对"中央政府"、"核电企业"以及"地方民众"三类社会实践主体的话语策略使用差异及其背后的认知机制。在这一研究过程中，本章明确了日语新闻语篇中指称空间模型中三个轴线的识解操作，在相对时间与绝对时间、地理空间与社会心理空间的选择方式，以及情态系统的功能分类上进行了新的尝试。

研究发现：（1）时间维度上，《读卖新闻》以发展经济为名一直呼吁"重启核电"，《朝日新闻》始终倡导"零核电社会"，而随着执政党的更迭，日本政府的能源政策由倡导"零核社会"逆转为支持"重启核电"；（2）空间维度上，伴随着执政党能源政策的调整，《读卖新闻》在"重启核电"的语境下，试图与"中央政府"及"核电企业"构建"我者"关系，而"地方民众"则是其努力拉拢的中间对象；而《朝日新闻》始终将"地方民众"视为支持"零核电"的"我者"，空间维度上将"中央政府"及"核电企业"推到了距离指称中心较远的"他者"范畴；（3）情态维度上，《读卖新闻》多借助（主、客观）义务性情态，《朝日新闻》多使用（主观）可能性情态、（客观）言据性情态，来表达各自对日本政府能源政策转变的态度。分析表明，指称空间模型尤其适用于对立冲突类的新闻语篇，围绕"零核电"与"重启核电"，两大报纸主要借助指称空间模型中的空间和情态维度来实现其说服读者的目的。

[注释]

[1] さようなら原発1000万人アクション：県実行委、署名18万人目標［N］.

每日新闻，2011-08-28.

［2］安倍晋三．第 183 回国会衆議院本会議第 2 号平成 25 年 1 月 30 日［EB/OL］. https：//kokkai. ndl. go. jp/#/detail？ minId = 118305254X00220130130&current = 1.［2020-07-13］.

［3］経済産業省資源エネルギー庁．第 5 次エネルギー基本計画（平成 30 年 7 月）［EB/OL］. https：//www. enecho. meti. go. jp/category/others/basic_plan/,［2020-06-20］.

［4］为保证统计学上的有效性，表 3 斜线后的数字表示各类社会实践主体在新闻社论中每万字出现的次数；表 4 和表 5 斜线后的数字表示不同情态在包含各类社会实践主体的小句中每万字出现的次数。

第八章 "英国脱欧"新闻语篇中转述话语的汉日对比研究

　　本章以《每日新闻》及《人民日报》中的英国"脱欧"新闻语篇为素材,自建小型新闻语料库,从"消息来源"、"转述动词"及"引语"三个角度对比分析了汉日新闻语篇中"转述话语"的使用差异。研究发现:(1)汉、日新闻语篇均倾向于转述"明确消息源"中"权威人士"的言论与思想,但日语中大量使用了被动表达的"非人称"消息源,将语言主体及信源背景化;(2)借助"中性转述动词"提升新闻报道的真实性与客观性,具有跨语言的共性,但日文新闻语篇中带有"积极"或"消极"感情特征的转述动词的使用频率更高,且词汇类型更加丰富;(3)汉语新闻语篇倾向于使用在表达命题内容时更加灵活的"间接引语",而日文新闻语篇中,因其转述动词的类型更加丰富,更注重兼顾"直接引语"和"间接引语"的使用。研究表明,新闻记者借助"转述话语"的取舍与选择塑造不同的人物形象,间接表达对该新闻事件的立场态势,并达到影响读者心理的效果。

一 引言

转述话语（reported speech），即"言语中的言语，话语中的话语，同时又是关于言语的言语，关于话语的话语"（Volosinov，1986：115），体现元话语的表征功能。新闻报道中的"转述话语"不仅是作为新闻事件"初创定义者"（primary definer）的新闻记者对新闻人物或其他消息来源的语言或思想的转述，也是通过消息来源（news source）、转述动词（reporting verbs）以及引语（speech）的筛选与重构，构建"客观"世界，对元话语"再语境化"（recontextualization）的过程，在一定程度上反映了新闻记者在撰写报道过程中的主观性和客观性，体现了不同程度上的社会意识形态意义。

目前，国内外对"转述话语"研究的发展趋势主要体现在文体结构特征、认知分析、语用与篇章功能、符号语言学阐释等层面（Vandelanotte，2009；Harry，2013；辛斌、高小丽，2018），跨语言比较研究较少，且研究语种相对单一，多均集中于汉、英双语对比。同时，关注的新闻事件多以中国与西方国家间的冲突事件为主，作为利益相关方，"转述话语"的使用差异多被归结于国家利益冲突或意识形态差异，缺乏来自于第三方新闻报道的，基于语言形式及功能的研究。

本研究以英国"脱欧"新闻事件为例，从汉日权威纸质媒体《人民日报》与《每日新闻》在线语料库中收集相关中、日文新闻语料，自建英国"脱欧"汉日新闻语料库，对比汉日新闻语篇中"转述话语"的使用差异。

二 文献综述

本研究从新闻转述话语的研究视角以及跨语言比较研究两个视角对相关文献进行综述。

(一) 新闻转述话语的批评语言学视角

新闻话语是一种文本或话语类型,即"广播、电视或报纸上发布的最近发生的事件的最新消息的文本或话语"(van Dijk, 1988)。新闻话语的研究吸引了包括社会学、社会心理学、传播学、语言学、社会语言学、话语分析、符号学等各个领域的广泛关注(Bell, 1991:5)。本节主要介绍新闻转述话语的批评语言学研究。

转述话语的批评语言学研究主要关注新闻话语中的转述现象,并揭示话语转述选择背后隐藏的意识形态(Fairclough, 1995a)。Fairclough(1995b)将转述话语称为主要话语(primary discourse),被转述的话语为次要话语(secondary discourse),对同一天英国报纸上的五篇文章中的话语转述进行了研究。分析发现,主要话语和次要话语之间的界限趋于模糊;转述话语主要关注元话语的概念意义的表达。

国内对新闻转述的批评性研究主要以辛斌(1998;2008a, b)为代表,他认为 Volosinov(1986)所强调的转述言语(reported speech)与转述语境(reporting context)或转述者言语(reporting speech)之间动态的作用关系可以从三个方面进行考察:①引语和引述者的话语在多大程度上是界限分明的;②转述语境在多大程度上支配或影响对引语的理解;③引语在多大程度上表达了原话的人际意义(辛斌,1998:9)。辛斌的研究表明,新闻语篇中的转述话语貌似客观公正,实际上报道者往往以各种方式介入其中,有意无意地以自己的观点影响读者对转述话语的理解。报道者不仅要准确客观地报道政府机构及领导人的言语活动,还要履行好自己的媒介角色,并多以间接话语的形式和大众化的语言向公众传递这些话语的主旨。很多学者围绕着新闻转述的对话性展开讨论,李曙光(2007)的研究表明,从概念功能来看,新闻语篇的对话性更具有客观性;从人际功能上来看,新闻语篇的对话性能够调节新闻报道的叙事距离与视角,进而表达报道者的态度和评价。辛斌（2007）认为，报道者是否以及如何转述他人的话语会对读者的认知产生直接的影响。李金凤（2008）指出，新闻语篇的对话性不仅与转述形式有关，还与消息来源、报道者话语和转述话语的关系等多个方面密切相关。

新闻转述的研究表明，转述话语不仅能展示新闻报道者的态度，同时作为新闻媒体操控受众意识的一种手段，能够影响受众对新闻事件的态度和看法，除转述话语外，直接话语也具有潜在的意识形态意义。转述者在对他人话语的转述中叠加自己的声音，暗中传达一定的价值倾向（黄敏，2008）。在翻译新闻语篇时，译者会运用转述话语来表达自己的观点和意识形态（黄勤，2008）。即便是直接话语也并非是准确援引原说话者的话语（沈继荣，2012），直接话语的运用是新闻话语维护其可信度与合法化的一种有效修辞策略，转述者以摘引的形式介入话语意义的建构，使新闻报道在保持"客观性"的同时得以将特定的评价意义传递给受众。在新闻话语直接引语的隐性评价机制中，修辞是手段，而评价是目的；修辞效果的营造是为了达成特定评价意义的合法化（马景秀，2008：79）。

然而，由于当前关于话语转述的研究更多关注的是转述语境对转述方式的制约，忽视了被转述的话语所在的语境对理解话语转述的影响，因而，转述话语与被转述话语二者之间的动态关系并未得到充分揭示。

（二）新闻转述话语的跨语言比较研究

转述话语的初定义是标示另一个声音的语言片段，是"他者"声音的呈现（高小丽，2013）。新闻记者借助转述话语突出文章的客观性与真实性，又会根据报社或作者的立场态势对转述的信息进行筛选和加工。绝大部分新闻报道中的转述话语都是"客观"的背后有"主观"。

国内的新闻转述话语跨语言比较研究主要集中于汉、英两种语言之间（赖彦，2016；辛斌、高小丽，2018）。研究发现，汉语与英语在转述话语的使用数量以及信源、转述动词、引语的语法结构与使用倾向上都有较大区别。如英语新闻更倾向于使用直接引语，对当事者的话语或其他信息进行直接转述，给读者以身临其境之感，而汉语新闻则大量使用了转述方式更为灵活的间接引语。

日语转述话语（引用）的研究，以镰田修的《日本語の引用》和藤田保幸的《国語引用構文の研究》为代表，但所涉及的角度有所不同。镰田修（2000）从语法角度将引语分为"直接引语、间接引语、准直接引语、准间接引语"四类，认为其是对元话语的再现。藤田保幸（2000）从语用学角度出发，认为日语中具有转述功能的话语不仅局限于"引用句+と+引用動詞"的形式，"〜〜コトヲ"同样具备转述功能，如例（1）。

（1）a. 誠は、黒砂糖が身体にいいと言った。
　　　b. 誠は、黒砂糖が身体によいことを言った。

（藤田保幸，2000：101）

日语转述话语中"引语"的语言形式又与"视点"（point of view）的选择与调整有着密切关系（顾那，2005；溝上瑛梨，2016；田中佑，2017）。但，上述日语语言学视角下的讨论均基于转述引语的个别语言形式，缺乏语言之间的互动。本研究对汉日两种语言的转述话语进行对比，一方面可以解释新闻语篇作为公共话语的意识形态意义，另一方面还有助于人们对新闻中转述言语的深入认识。

三　研究语料

2017年初至2018年末是英国"脱欧"新闻事件的关键期。2017年1月17日英国政府对外公布"脱欧"方案，经过长达一年的谈判,12月15日与欧盟在"分手费"、爱尔兰边界以及欧盟在英公民权利等核心议题上取得"足够进展",艰难完成了第一阶段谈判。2018年3月,欧盟与英国就"脱欧过渡期"达成广泛协议,同年6月英女王批准"脱欧法案",允许英国退出欧盟。11月下旬,欧盟27国领导人又一致通过了英国"脱欧"协议草案。但该"脱欧"协议却于次年1月遭英国下议院否决。

中国与日本是英国"脱欧"新闻事件的非直接参与方,新闻记者更易借助新闻转述话语的消息来源、转述动词及引语的差异化使用,表达新闻主体的不同立场。本研究聚焦为期两年的英国"脱欧"第一阶段谈判历程,以"(英国)脱欧"为关键词,在中日两国权威纸质媒体《人民日报》与《每日新闻》的在线语料库中搜集相关新闻语篇,自建"'英国脱欧'汉日新闻语料库",比较汉、日新闻语篇中"转述话语"的使用差异。如表8-1所示,语料库由有效新闻语篇141篇构成,合计136464字,共收集"转述话语"例句1355句。

表8-1　　　　　英国"脱欧"汉日新闻语料库概况

报纸	新闻语篇数	字数	转述话语
人民日报	39	66,321	652
每日新闻	102	70,143	703
合计	141	136,464	1,355

如例(2)所示,本研究分别从汉日转述话语的"消息来源"、"转述动词"、"引语"三个层面对语料进行了赋码,并以此讨论汉日新闻语篇中"转述话语"的使用差异。

(2) a. 英国首相特雷莎·梅(消息来源-明确-人物-权威)高调表示(转述动词-中性),"脱欧就是脱欧,英国不会一半留、一半走"（引语–直接）。

（人民日报，2017.01.24）

b. 英国のブレア元首相（消息来源–明确–人物–权威）は「この決定を考え直す機会を持つべきだ」（引语–直接）と述べた（转述动词–中性）。（英国前首相布莱尔说，"我们应该还有重新考虑的机会"。）

（笔者译，下同）（每日新闻，2017.2.19）

四　汉日新闻转述话语的使用差异

（一）消息来源

在新闻的筛选过程中，消息来源在很大程度上对新闻报道的话语倾向产生了影响（赖彦，2016）。本研究参考辛斌和高小丽（2018）的分类方式，基于"明确度类型"将"消息来源"分为"具体明确消息源"、"非具体明确消息源"和"完全匿名消息源"。汉日新闻语篇转述话语中"消息来源"使用情况对比详见表8-2。

表8-2　　　　　　　　　　"消息来源"的使用差异

消息来源	细分类		人民日报	每日新闻
具体明确消息源	人物消息源	权威人士	256（41.2%）	237（35.8%）
		普通民众	4（0.6%）	44（6.6%）
		计	260（41.8%）	281（42.4%）
	事物消息源	组织团体	43（6.9%）	52（7.8%）
		事物实体	142（22.8%）	118（17.8%）
		计	185（29.7%）	170（25.6%）
非具体明确消息源	部分明确消息源		62（10%）	91（13.7%）
	无归属消息源		36（5.8%）	8（1.2%）
完全匿名消息源	名词化消息源		71（11.4%）	－
	非人称消息源		8（1.3%）	113（17.1%）
合计			622	663

如表 2 所示，汉日新闻语篇中"具体明确消息源"的使用比例最高，且其中以"特蕾莎·梅（メイ首相）"、"默克尔首相（メルケル首相）"等"权威人士"消息来源的采纳比重最大，均接近 4 成。为彰显新闻报道的"真实性、公正性、客观性"，报纸等新闻媒介多采用"具体明确消息源"及其中"权威、专业人士/机构"的言论作为消息的来源，并且这种"消息来源"的选择方式具有超语言的共性。

汉日新闻语篇中"消息来源"的使用差异主要表现在"人物消息源"中的"普通民众"及"完全匿名消息源"上。《人民日报》更多关注英国首相、欧盟以及双方谈判代表等权威消息源，《每日新闻》则在一定程度上转述了"普通民众"的声音，与权威消息源相佐证。同时，在日文新闻语篇中，大量使用了"～とみられている（据悉）"、"～といわれている（据称）"、"～と考えられる（普遍认为）"等"非人称信源"，即通过日语中表示自发状态的被动形式（spontaneous expression），隐藏"消息来源"主体，通过编辑技巧体现新闻记者的主观意志。实际上，日文新闻语篇中的被动句式兼顾了将引文内容及新闻记者态度前景化（foregrounding），而将语言主体及"消息来源"背景化（background）等元话语的评价赋值功能（泉子，2004），是话语情态（discourse modality）在日文新闻语篇中的具体传递形式。区别于"非具体明确消息源"，例（3）中"～とみられる（据悉）"的日语表达方式又具有很强的"非意志性"（non-volitional），在背景化信源的同时，又兼顾了将转述内容客观化的语用效果。

(3) 25 日に予定されているEU 臨時首脳会議前のメイ氏とEU のユンケル欧州委員長の最終的な交渉で、細部が詰められる<u>とみられる</u>。（据悉，在预定 25 日举行的欧盟首脑会议开始前，梅首相与欧盟委员会主席容克在最终交涉中已涉及细节。)

(每日新闻, 2018.11.20)

（二）转述动词

新闻语篇是一种公开传播的社会空间，固然力求"客观性"和"公正性"，但其语言的选择必然受到其背后价值观与意识形态的约束，具有很强的选择性（徐国辉，2010）。新闻实践中，转述动词（reporting verbs）就会表现出一定的隐性评价意义（covert evaluation），积极（positive）、消极（negative）、中性（neutrality）等不同情感极性转述动词的筛选可以折射出新闻记者隐含的立场态势（stance）。

如表8-3所示，通过统计汉日新闻语篇中转述动词的使用情况可以发现，以"说（述べる）"、"表示（示す）"等为代表，排名前15位的高频转述动词在《人民日报》中占比高达90.6%，远高于《每日新闻》的71.4%。另一方面，《每日新闻》中"予想する（预想）"、"要求する（要求）"等"其他"类别的转述动词多达172个，占比28.6%，并且大部分都带有积极评价意义，而《人民日报》中相对应的词汇仅占比9.4%。这也从侧面说明，相较而言，日文新闻语篇中转述动词的词汇类型更加丰富，转述话语的语义更趋精细化。

表8-3　　　　　　　　　"转述动词"的使用差异

报纸	合计	前15位转述动词	其他
人民日报	605	548（90.6%）	57（9.4%）
每日新闻	602	430（71.4%）	172（28.6%）

本研究将汉日新闻语篇中出现的1，207个转述动词，汉语以"情感词汇本体库"（徐琳宏等，2008）为基准，日语以"日语情感极性词典（用言篇）（Japanese Sentiment Polarity Dictionary）"（小林の

ぞみ等，2005）为基准，按照积极、中性、消极的情感极性（倾向）进行了分类。

如表8-4所示，汉日新闻语篇中"述べる（说）"、"示す（表示）"等中性转述动词的使用频率均为最高，是新闻客观性在语言形式上的具体表征，但日语新闻报道中"～によると（据～）"、"～という（据说）"等言据性表达（evidentiality），以及"～とみられる"（据悉）、"～とされる（认为）"等作为元话语（meta-discourse）的被动表达的使用亦较多，转述动词的类型比汉语新闻报道中的用词更加丰富。

表8-4　　　高词频（前15位）转述动词的感情色彩分类

报纸	积极转述动词 （词频）	中性转述动词 （词频）	消极转述动词 （词频）
人民 日报	指出（42） 强调（28） 宣布（16） 呼吁（8） 承诺（8）	说（131） 表示（99） 认为（76） 称（51） 据～报道/电/介绍（32） 根据（21） 显示（8） 告诉（3） 据统计/了解（3）	指责（15） 警告（7）
合计	102（19%）	424（77%）	22（4%）
每日 新闻	指摘する（指出）（35） 強調する（强调）（29） 明らかにする（明确） （23） 主張する（主张）（15） 表明する（表明）（8）	述べる（说）（96） 示す（表示）（90） ～によると（据～）（43） ～とみられる（据悉） （18） ～とされる（认为）（15） 話す（说）（12） ～という（据说）（9） 説明する（说明）（6）	批判する（批评） （18） 訴える（指责） （13）
合计	110（25.6%）	289（67.2%）	31（7.2%）

　　同时，日文新闻语篇高频转述动词中带有情感色彩的转述动词，如"指摘する（指出）"、"強調する（强调）"等积极转述动词，以及"批判する（批评）"、"訴える（指责）"等消极转述动词的使用频率均高于中文新闻语篇。且分析发现，日文新闻语篇中的积极或消极转述动词多见于"非具体明确信源"下的转述引语中。

　　另外，如例（4）所示，除表8-4中的高频转述动词以外，《每日新闻》还借用了如"同意する（同意）"、"提唱する（提唱）"、"宣言する（宣告）"等积极转述动词，以及"反論する（辩驳）"、"警告する（警告）"、"嘆く（叹息）"等消极转述动词。这些带有情感色彩的转述动词虽各自词频不高，但类型较中文更加丰富且总体数量并不在少数。由此可见，日文新闻语篇中转述动词的类型比中文更加丰富，且更倾向于使用带有感情色彩的转述动词，表达转述者对转述信息的认同或反对、肯定或否定的立场态势。

　　（4）一方、メイ首相は「2度目の国民投票は行わない」と繰
　　　　 り返し明言している。（但梅首相多次明确表示："不会举
　　　　 办第二次的全民公投"。）

（每日新闻，2018.1.6）

（三）引语

　　Leech & Short（2001）按照转述者介入话语程度的不同，将引语分为直接引语（direct reporting）、间接引语（indirect reporting）、自由直接引语（free direct reporting）、自由间接引语（free indirect reporting）、言语行为的叙述性（narrative report of speech act）五种形式。"直接引语"在最大程度上保持了被转述言语的独立性，而"言语行为的叙述性"则表现了转述者对被转述语言的最大程度介入和控制。

表 8-5   "引语"的使用差异

引语	人民日报	每日新闻
直接引语	98（15%）	317（45.1%）
间接引语	507（77.8%）	285（40.5%）
自由直接引语	27（4.1%）	31（4.4%）
自由间接引语	3（0.5%）	9（1.3%）
言语行为的叙述性	17（2.6%）	61（8.7%）
合计	652	703

　　不同引语的介入程度取决于转述者的"视点"。"视点"是在语言行为中对某一事件进行描写时，转述者所处的空间（spatial）、时间（temporal）、心理（psychological）的位置（澤田治美，1993）。报纸等媒体多使用"直接引语"或"间接引语"，也正是借助为实现凸显新闻报道的真实性和可信性、吸引读者注意、与"引语"保持一定的距离、增强报道的戏剧性与对话性等转述话语的语用功能的言语表征。"直接引语"是转述者基于原话者的"视点"，"还原"其言语或思想的语用过程，而"间接话语"将"视点"转移到转述者身上，是对原话者当时所在场景的再描述过程（冈本芳和，2000）。如表 8-5 所示，针对英国"脱欧"事件，《人民日报》中"间接引语"的使用频率高达 77.8%，"直接引用"占比仅为 15%。而《每日新闻》中"直接引语"与"间接引语"的使用比率均为 4 成。汉日新闻语篇在"引语"的使用上差异明显，即中文倾向于使用在表达命题内容时更加灵活的"间接引语"转述"脱欧"相关报道，这样既客观报道了原话者的言语活动，又通过履行自身的媒介角色，向公众传递了话语的主旨。而日语在"直接引语"和"间接引语"的使用上没有明显差异。这一结果与前文"转述动词"的类型日语比中文丰富呈正向关系。

五　转述话语与"视点"

转述话语是一种构建的话语，是体现话语策略行为的一部分。新闻语篇中"转述话语"的选择与使用，关键归于劝服的社会语境，是一个社会互动过程，具有赋予新闻记者和读者磋商后对某一论断接受的权威，同时也具有赋予目标受众对其论断认可或拒绝的选择权利。作为新闻事件的初创定义者，新闻记者努力维护新闻报道"客观"的背后，不可避免地也会借助"信息来源"、"转述动词"及"引语"的选择与取舍对新闻话语进行操纵。

即使在转述同一信源时，转述者因"视点"不同，可以通过"转述动词"和"引语"方式的选择来调节对元话语的介入程度。在转述同一信源时，(5a) 采用"直接引语"的方式来最大化维持"原话者领域"（original speaker´s domain），凸显报道的客观性。但即使如此，转述者仍可借助转述动词"批判（批评）"支配"转述者领域"（reporter´s domain）的语境，影响读者对元话语的理解。而 (5b) 中转述者选择了"间接引语"与"消极转述动词（'指责'）"相搭配，以转述者的"视点"对特蕾莎·梅的发言进行了"还原"，转述话语的介入程度更高。新闻语篇中，转述者的"视点"决定了"转述动词"和"引语"的选择方式，与"原话者领域"和"转述者领域"是一种互动的语用关系。

(5) a. メイ氏はこれに反応し、「EUの指導者は交渉を混乱させ、我々と敵対しようとしている」と批判。（特蕾莎·梅对此作出回应，批评道："欧盟的领导者们正在试图扰乱交涉秩序，并与我们处于敌对立场。"）

（每日新闻，2017.4.30）

b. 峰会当天晚些时候，特雷莎·梅在一场竞选活动中指责欧盟成员国联手对付英国。

（人民日报，2017.5.1）

（6）a.メルケル氏はこの日の独議会で「（離脱後の）英国は EU加盟国と同じ権利を持つことはない」と<u>強調</u>。「英国 民の一部はいまだに幻想を持っている」とも<u>述べ</u>、離脱 後の未来に「幻想」を抱かぬよう英国に対してくぎを刺 した。（默克尔在当日的德国议会中<u>强调</u>："英国（脱欧 后）将不再与欧盟国家享有同等权利。"她<u>说</u>："一部分的 英国民众仍心存幻想"，以此提醒对脱欧后的未来仍抱有 "幻想"的英国。）

（每日新闻，2017.4.29）

b.默克尔还<u>警告</u>英国不要对"脱欧"后的待遇"心存幻 想"，英国将不能享有欧盟内部成员的权利，在这一点上， 欧盟成员国意见高度一致。

（人民日报，2017.5.1）

"转述动词"对于"转述者领域"的支配作用来源于其情感色彩 的选择。Geis（1987）认为"转述动词"的选择可用于塑造新闻语 篇中的人物形象。积极转述动词可以帮助塑造镇定、谨慎、严谨或成 功者的印象，而消极转述动词则给人一种软弱、鲁莽、不严谨或失败 者的形象。同时，积极转述动词可以体现出转述者对转述信息的接 受、认同和肯定的立场态势，而消极转述动词则会给读者予以强烈暗 示或表明转述者对转述信息保持一定的距离。

如（6a，b）均转述自默克尔在德国议会上的一段讲话，但在 "引语"与"转述动词"的选择上却存在差异。（6a）中采用了"直 接引语"，以低介入度基于原话者的"视点"转述，但却使用了"强 調する（强调）"这一积极转述动词，侧面表征了默克尔对自身言论的坚持，塑造了一个相对正面的人物形象，并建立了一个新闻记者对其言论表示赞同或理解的语境。而（6b）则使用了混合引语，以"直接引语"转述默克尔"心存幻想"之言论重点的同时，又搭配"间接引语"，在一句话内实现了原话者与转述者"视点"的共存，侧面实现了新闻记者对话语的高度介入，并借助"警告"这一消极转述动词对默克尔的发言内容进行了隐性评价。

"引语"所展示的是一种言语行为——语言、语气、语调和情感等言说方式，"直接引语"是一种描绘（depicting）展示，而"间接引语"是一种描述（describing）展示。描绘展示具有增加临场感、疏离责任、调节报道节奏、增强报道可信度等语用功能，而描述展示则在表达命题内容的转述时措辞更有灵活性，即新闻记者报道新闻人物言语与思想的转述直接转化为对事实的描述。此外，在"消息来源"一致的基础上，转述者往往会根据自身态度与立场选择具有不同感情色彩的"转述动词"，对原本客观的转述话语语境加以支配，以此达到暗示读者的目的。因而，转述话语虽可增加新闻语篇的客观性与真实性，但仍能通过"转述动词"与"引语"的选择与搭配隐晦地反映转述者不同的意识形态，以达到影响读者对新闻事件解读之目的。

六　结语

本研究以《每日新闻》及《人民日报》中的英国"脱欧"新闻语篇为素材，自建小型新闻语料库，从"消息来源"、"转述动词"及"引语"三个角度对比分析了汉日新闻语篇中"转述话语"的使用差异，并尝试基于"视点理论"分析了差异产生的原因。

研究发现：（1）汉、日新闻语篇均倾向于转述"明确消息源"中"权威人士"的言论与思想，但日语中大量使用了被动表达的"非人称"消息源，将语言主体及信源背景化；（2）借助"中性转述动词"提升新闻报道的真实性与客观性,具有跨语言的共性,但日文新闻语篇中带有"积极"或"消极"感情特征的转述动词的使用频率更高,且词汇类型更加丰富;(3)汉语新闻语篇倾向于使用在表达命题内容时更加灵活的"间接引语",而日文新闻语篇中,因其转述动词的类型更加丰富,更注重兼顾"直接引语"和"间接引语"的使用。

借助汉日新闻语言中"视点"的差异,转述者使用不同的"消息来源"、"转述动词"及"引语"塑造不同的人物形象,并间接表达其对英国"脱欧"的不同立场,进而达到影响读者心理的效果。

第九章　结论

　　本书聚焦日本平成时代（1989—2019）主流报纸媒体中的热点社会现象，自建"当代日本社会现象专题新闻语料库"，基于批评话语分析（Critical Discourse Analysis, CDA）的理论及其分析框架，探讨当代日本社会变迁与媒介话语建构模式之间的互动与共变关系。本书基于社会建构主义的立场，强调社会现实的社会建构特征以及话语在社会建构中的重要性。以此从话语层面来理解和解释社会现实，重点讨论日本主流媒体如何借助新闻话语建构"中国形象"，以及如何表征和应对日本的国内和国际纷争，实现其主张的合法化。

　　我们始终坚信，话语是一种社会实践形式，话语与社会结构之间存在着一种辩证关系，社会结构影响话语，话语也反过来影响社会结构。批评话语分析视域下的话语研究，为语言学提供了一种批判性的语境化方式，侧重于语言所使用语境的分析（Fairclough，1989；Wodak & Meyer，2016）。本书以批评话语分析的各类分析框架为基础，将（日语）语言学理论与社会理论联系起来，通过话语研究社会现象，分析话语的历史、社会政治和文化基础，并尝试用语境化的方法分析和理解话语。正如本书第3至8章中对各类研究范式的尝试那样，批评话语研究指的不是话语研究的某一种方法，而是一组不同的方式，每种方式都包含独特的但也互有重叠的方法（Wodak &

Meyer, 2016）。

　　以当代日本社会现象的媒介话语建构为例，从社会学责任出发，本书的分析框架及案例，一方面提升了我们对平成时代日本社会的理解与认知，另一方面也会帮助、指导我们更好地完成社会实践任务。这也得益于话语研究的三个功能：（1）发掘功能，即将文本背后的隐形的话语事实、规律、关系等揭示出来；（2）诠释功能，即根据语篇的形式和内容及其与语境的关系来阐释（部分）语篇的意义，赋予譬如"#Metoo"运动、重启核电、英国"脱欧"等话语对象一定的意义；（3）指导功能，即对社会实践活动提供相关的话语指导和建议，通过分析日本受众的接受习惯和认知偏好，为受众更加客观地看待日本媒体眼中的"我者"与"他者"提供语言层面的启示。

　　本书以中国留学生的群体形象以及"爆买"现象为例，探讨了日本主流报纸媒体如何实现"中国形象"的话语建构、如何表征和实现国内社会冲突及国际纷争的话语实践。就"中国形象"的媒介话语建构而言，本书所采集的语料虽然涵盖了日本发行量最大的四家主流报纸媒体《每日新闻》《朝日新闻》《读卖新闻》和《日本经济新闻》，然而在有关中国报道的新闻议题上，却长期处于"一种负面或消极的定式"，相关报道内容和方式呈现出极强的"同质化现象"，可以说在新闻话语层面构建了一个不太真实的"中国"，这势必影响日本国民对华意识和情感的形成过程。

　　然而，日本这四大主流报纸媒体报道内容雷同化、报道风格单一化不单单局限于有关中国的各类报道。近年来，在涉及重大国际新闻报道时，各大全国性报纸所表现出的报道方式也普遍存在缺乏独创性、报道视角和立场的雷同化以及在版面设置、文字内容，甚至语气表达上的日趋同一化和模式化的现象（张玉，2012）。在本书涉及的以"#Metoo"运动、"捕鲸问题"、英国"脱欧"等为代表的"他者"案例中，这种"同质化现象"也可见一斑。日本新闻报纸媒体在处理国内社会冲突以及国际纷争时的话语实践方式，愈发接近成为日本政府的"传声筒"。

本书以平成时代的日本社会热点新闻事件为素材，所采用的批评话语分析的研究方法包括：社会行为者分析法、"文本—话语实践—社会实践"三维分析框架、"话语—历史"分析法、"社会—认知"分析法以及批评认知语言学方法。本书的研究实践充分展示了批评话语分析方法在分析及理解话语实践与社会实践关系上展现的强大力量。不过，由于上述话语分析的研究范式，无论从方法、对象和框架上均是以西方文化衍生的认知论和价值观为中心发展而来的，在以中国、日本为主的东北亚文化特定语境下从事新闻话语研究，在话语的语言标识、文化及社会语境差异等方面均需有所考量。日语属于黏着语系，在文字的书写习惯、词汇类型以及句子结构、篇章特征上均与英语、德语等西方主流语言有较大不同。譬如，语法框架层面，日语句子的基本结构不同于英语句子的"主谓宾"结构，其基本结构是"主题—述题"（翟东娜，2006）。另外，由于日本社会属于"高语境文化"（high-context culture）且各社会成员之间性别及身份地位差别相对明显，日文语篇中多伴随主语（人称代词）省略，以及模糊限制语、言据表达、元话语、避免断言等语言特征的频繁出现（石黑圭，2013）。因此，从事日语新闻语篇的话语研究，要基于日语和中文新闻语篇的具体语言和文本特征，对"话语"层面的语言标识进行适当的调整。除语言层面外，另一影响话语实践与社会实践互动关系的，是日本独特的社会文化。话语的参与者们是否属于同一文化背景，行为主体间的背景知识中存在多少共享部分（common ground），这些因素都将直接影响作为社会实践的话语活动（辛斌和刘辰，2017；李贵鑫，2018）。因此，从事日语新闻语篇的话语研究，还要充分意识到社会文化对个体社会认知的影响，在东西方文化和社会语境的差异化认知下，不断丰富跨文化话语分析的案例库。

作为批评话语分析的实践者，我们始终认为任何研究话语和社会变革的方法都应是"一种历史分析的方法"（Fairclough，1992）。然而，本书探讨的所有案例只是日本媒体眼中的"我者"与"他者"媒介话语建构的一个"横断面"，只聚焦于"平成"时代（1989—2019）的日本热点社会现象。随着日本社会进入"令和"时代，不同时期、不同报纸针对不同新闻事件的媒介话语建构方式也会随之发生变化。

参考文献

英文

Baker, P. *Using Corpora in Discourse Analysis* [M].London：Continuum，2006.

Baker, P. & McEnery, T. *Corpora and Discourse Studies：Integrating Discourse and Corpora* [M]. New York：Palgrave Macmillan, 2015.

Barker, C. , & Galasinski, D. *Cultural studies and discourse analysis：A dialogue on language and identity* [M]. London：SagePublications, 2001.

Bell, Allan. *The language of news media* [M]. Oxford：Blackwell, 1991.

Bell, Allan. Language and the media [J]. *Annual Review of Applied Linguistics*, 1995(15)：23-41.

Bell, Allan & Garrett, Peter. *Approaches to Media Discourse* [M]. Oxford：Blackwell Publishing, 1998.

Berger, P. L. , & Luckmann, T. *The Social Construction of Reality* [M]. UK：Penguin, 1996.

Blommaert, J. *Discourse：A critical introduction* [M]. Cambridge：Cambridge University Press, 2005.

Cap, P. Crossing symbolic distances in political discourse space [J]. *Crit-*

ical Discourse Studies,2015(3): 313-329.

Cap, P. *The Language of fear: Communicating Threat in Public Discourse* [M]. London: Springe, 2017.

Chilton, P. *Analysing Political Discourse: Theory and Practice* [M]. London: Routledge, 2004.

Chilton, P. The conceptual structure of deontic meaning: A model based on geometrical principles [J]. *Language and Cognition*, 2010,2(2): 191-220.

Chilton, P. *Language, Space and Mind: The Conceptual Geometry of Linguistic Meaning* [M]. Cambridge: Cambridge University Press, 2014.

Chouliaraki, L. & Fairclough, N. *Discourse in Late Modernity:Rethinking Critical Discourse Analysis* [M]. Scotland: Edinburgh University Press, 1999.

Darics, E. &Koller, V. Social actors "to go": an analytical toolkit to explore agency in business discourse and communication [J]. *Business and Professional Communication Quarterly*, 2019(2):1-25.

Fahey, Emma. Food Culture and National Identity: Japan and the International Whaling Commission (2019), Syracuse University Honors Program Capstone Projects[EB/OL].https://surface. syr. edu/honors_capstone/1097,[2020-03-20].

Fairclough, N. *Language and Power* [M]. London: Longman, 1989.

Fairclough, N. *Discourse and Social Change* [M]. Cambridge: Polity Press, 1992.

Fairclough, N. *Critical Discourse Analysis: The critical study of language* [M]. London: Long-man Group Limited, 1995a.

Fairclough, N. *Media Discourse* [M]. London:EdwardArnold, 1995b.

Fairclough, N. The discourse of new labor: Critical discourse analysis[A]. In M. Wetherell, S. Taylor & S. J. Yates (eds.). *Discourse as Data: A*

Guide for Analysis[C].London：Sage Publications，2001：229−266.

Fairclough，N. *Analyzing Discourse：Textual Analysis for Social Research* [M].New York：Routledge，2003.

Fairclough，N. *Language and Globalization* [M]. New York：Routledge，2006.

Fairclough，I.，& Fairclough，N. *Political Discourse Analysis：A Method for Advanced Students* [M]. New York：Routledge，2012.

Fairclough，N. & Wodak，R. Critical discourse analysis[A]. In van Dijk，T. A. *Discourse as Social Interaciton (Disscourse studies：A multidisciplinary introduction Vol.*2) [C]. Lodon：Sage Publications，1997：357−378.

Foucault，M. The order of discourse[A].In M. J. Shapiro(eds.). Language and Politics[C]. London：Basil Blackwell，1984：108−138.

Fowler，R. Notes on critical linguistics[A]. In Steele，R. & Threadgold，T. (eds.). *Language Topics：Essays in Honour of Michael Halliday*[C]. Amsterdam：Benjamins，1987：481−492.

Fowler，R.，Hodge，G.，& Trew，T. *Language and Control* [M]. London：Routledge and Kegan Paul，1979.

Fowler，R.，On Critical Linguistics[A]. In Caldas−Coulthard，C. R. & Coulthard，M. (eds.). *Texts and Practices：Reading in Critical Discourse Analysis* [M]. London：Routledge，1996：3−14.

Geis. M. L. *The Language of Politics* [M]. New York：Springer − Verlag，1987.

Golden，A. & Lanza，E. Metaphors of culture：Identity construction in migrants′ narrative discourse [J]. *Intercultural Pragmatics*，2013，10 (2)：295−314.

Graham，Philip. Keenan，Thomas. Dowd，Anne−Maree. A Call to Arms at the End of History：ADiscourse − Historical Analysis of George W.

Bush's Declaration of War on Terror [J]. *Discourse and Society*, 2004 (2-3):199-221.

Halliday, M. A. K. *An Introduction to Functional Grammar* [M]. London: Edward Arnold, 1994/2000.

Hammersley, M. On the foundations of critical discourse analysis [J]. *Language and Communication*, 1997(17):237-248.

Hart, C. *Critical Discourse Analysis and Cognitive Science: New Perspectives on Immigration Discourse* [M]. Basingstoke: Palgrave, 2010.

Hart, C. *Discourse, Grammar and Ideology: Functional and Cognitive Perspectives* [M]. London: Bloomsbury, 2014.

Hart, C. & Cap, P. *Contemporary Critical DiscourseStudies* [M]. London: Bloomsbury, 2014.

Hirata Keiko. Why Japan supports whaling [J]. *Journal of International Wildlife Law and Policy*, 2005(8):129-149.

Hunston, Susan. *Corpora in Applied Linguistics* [M]. Cambridge: Cambridge University Press, 2002.

Jones, P. E. & Collins, C. Political analysis versus critical discourse analysis in the treatment of ideology: Some implications for the study of communication [J]. *Atlantic Journal of Communication*, 2006, 14(1-2):28-50.

Joseph, C. Harry. Journalistic quotation: Reported speech in newspapers from a semioticlinguistic perspective [J]. *Journalism*, 2013, 15(8):1041-58.

Kometer, Stefanie. 'Save the Whales, Save the Earth': Japan's Exit from the International Whaling Commission [D]. Canada: University of British Columbia, 2019.

Koller V. How to analyze collective identity in discourse: textual and contextual parameters [J]. *Critical Approaches to Discourse Analysis across*

Disciplines, 2012, 5(2):19-38.

Kress, G. Critical discourse analysis [J]. *Annual Review of Applied Linguistics*, 1990, 2(11):84-99.

Kress, G. & Hodge, R. *Language as ideology* [M]. London: Routledge and Kegan Paul, 1979.

Kress, G. & van Leeuwen, T. *Multimodal discourse:The modes and media of contemporary communication* [M]. London: Arnold Publishers, 2001.

Leech, G. N. & Short, M. H. *Style in Fiction* [M]. Beijing: Foreign Language Teaching and Research Press, 2001.

Linda Hasunuma & Ki-young Shin. #MeToo in Japan and South Korea: #WeToo, #WithYou. Journal of Wome [J], *Politics and Policy*, 2019, 40(1), 97-111.

Lyons, J. *Semantics* [M]. Cambridge: Cambridge University Press, 1977.

Martin, J. R. & White, P. R. *The Language of Evaluation: Appraisal in English* [M]. London/New York: Palgrave Macmillan, 2005.

Martin-Rojo, L. & T. van Dijk. " there was a problem, and it was solved!": Legitimating the Expulsion of "Illegal" Migrants in Spanish Parliamentary Discourse [J]. *Discourse and Society*, 1997 (4): 523-566.

McEnery, T. & Hardie, A. *Corpus Linguistics: Method, Theory and Practice* [M]. Cambridge: Cambridge University Press, 2011.

Reisigl, M & Wodak, R. *Discourse and Discrimination: Rhetorics of Racism and Antisemitism* [M]. London: Routledge, 2001.

Sayer, A. *Realism and Social Science* [M]. London: Sage Publications, 2000.

Suchman, M. C. Managing legitimacy: Strategic and institutional approaches [J]. *The Academy of Management Review*, 1995(3):571-610.

Teruya Kazuhiro. *A Systemic Functional Grammar of Japanese* [M]. London: Continuum, 2007.

Turner, J. Social categorization and the self-concept: A social cognitive theory of group behavior [A]. In Lawler, E., (eds.). *Advances in Group Processes: Theory and Research* (*Vol.*2) [C]. Greenwich: JAI Press. 1985:77-121.

Ullmann, S. Epistemic stancetaking and speaker objectification in a spatio-cognitive discourse world [J]. *Journal of Language and Politics*, 2015 (3):393-419.

van Dijk, T. A. (eds.). *Handbook of Discourse Analysis*(*Vol.*4):*Discourse analysis in society* [M]. London: Academic Press, 1985.

van Dijk, T. A. *News as Discourse* [M]. New Jersey: Lawrence Erlbaum Associates, Inc., Publishers, 1988.

van Dijk, T. A. Principles of critical discourse analysis [J]. *Discourse and Society*, 1993, 4(2):249-283.

van Dijk, T. A. Multidisciplinary CDA: A plea for diversity [A] In Wodak R, & Meyer M. *Methods of critical discourse analysis*[C]. London: Sage Publications, 2001:95-120.

van Dijk, T. A. Discourse, context and cognition [J]. *Discourse Studies*, 2006, 8(1):159-177.

van Dijk, T. A. *Discourse and Context: A Socio-cognitive Approach* [M]. Cambridge: Cambridge University Press, 2008.

van Dijk,T. A. *Discourse and Knowledge: A Sociocognitive Approach* [M]. Cambridge: Cambridge University Press, 2014.

van Leeuwen, T. Representing social action [J]. *Discourse and Society*, 1995, 6(1):81-106.

van Leeuwen, T. The representation of social actors [A]. In Caldas-Coulthard, C. R. & Coulthard, M. (eds.). *Texts and Practices: Reading in Critical Discourse Analysis*[C]. London: Routledge, 1996:32-70.

van Leeuwen, T. & Wodak, R. Legitimising immigration control: A discourse-historical analysis [J]. *Discourse Studies*, 1999,1(1): 83-118.

van Leeuwen, T. *Introducing Social Semiotics* [M]. London: Routledge, 2005.

van Leeuwen, T. & Kress, G. *Reading Images - The Grammar of Visual Design* (*2nd edn*) [M]. London: Routledge, 2006.

van Leeuwen, T. *Discourse and Practice: New tools for Critical Discourse Analysis* [M]. Oxford: Oxford University Press, 2008.

Vandelanotte, L. *Speech and Thought Representation in English: A Cognitive -Functional Approach* [M]. Berlin: Mouton de Gruyter, 2009.

Verstraete, Jean-Christophe. The problem of subjective modality in the Functional Grammar model [A]. In J. Lachlan Mackenzie & Maria A. Gómez-González (eds.). *A New Architecture for Functional Grammar* [C]. Berlin: Mouton, 2004:243-274.

Volosinov, V. N. *Marxism and the Philosophy of Language* [M]. L. Matejka&I. R. Titunik (trans.), New York and London: Seminar Press, 1986.

Wodak, R. *Critical linguistics and critical discourse analysis* [M]. Antwerp Belgium: International Pragmatics Association, 1995.

Wodak, R. *Disorders of Discourse* [M]. London/New York: Longman, 1996.

Wodak, R. & Meyer, M. *Methods of Critical Discourse Analysis* [M]. London: Sage Publications, 2001.

Wodak, R. Critical linguistics and critical discourse analysis [A]. In Verschueren, J. & Ostman, J. (eds.). *Handbook of Pragmatics* [C]. Amsterdam: John Benjamins Publishing Company, 2006:1-30.

Wodak, R. *Discourse and Context. A Sociocognitive Approch* [M]. London: Sage Publications, 2008.

Wodak, R. & Meyer. M. *Methods of Critical Discourse Studies* [M]. London: Sage Publications, 2016.

Wodak, R., De Cillia, R., Reisigl, M. and Liebhart, K. Zur diskursiven

Konstruktion nationaler Identitat [M]. Berlin：Suhrkamp, 1998.

Wodak, R., De Cillia, R., Reisigl, M. and Liebhart, K. *The Discursive Construction of Natic al Identity* [M]. Edinburgh：Edinburgh University Press, 1999.

Wold, Chris. Japan's Resumption of Commercial Whaling and Its Duty to Cooperate with the International Whaling Commission [EB/OL]. https：//scholarsbank. uoregon. edu/xmlui/handle/1794/25371, [2020 -03-20].

Yiallourides, Constantinos, Japan's Resumption of Commercial Whaling and International Law [EB/OL].https：//ssrn. com/abstract＝3583891, [2020-03-20].

Zhongyi Xu. *Modality and Evidentiality in Political Discourse：A Congnitive -functional Account* [D]. Lancaster：Lancaster University, 2015.

日文

Wodak, Ruth & Meyer, Michael(著). 野呂香代子(訳). 批判的談話分析入門：クリティカル・ディスコース・アナリシスの方法[M]. 東京：三元社, 2010.

Wodak, Ruth & Meyer, Michael(著). 野呂香代子, 神田靖子ほか(訳). 批判的談話研究とは何か[M]. 東京：三元社, 2018.

石上文正, 高木佐知子(編). ディスコース分析の実践-メディアが作る「現実」を明らかにする[M]. 東京：くろしお出版, 2016.

石上文正. ジャンル、ディスコース群、スタイルの関係について-フェアクラフ理論による社説とコラムの批判的ディスコース分析[J]. 人間と環境電子版, 2017(13)：11-28.

石川創. 鯨の生態から捕鯨問題の本質まで[J]. 麻布大学雑誌, 2014(25)：88-89.

石黒圭. 日本語は「空気」が決める：社会言語学入門[M]. 東京：光

文社, 2013.

泉子・K・メイナード. 談話言語学:日本語のディスコースを創造
する構成・レトリック・ストラテジーの研究[M]. 東京:くろし
お出版, 2004.

泉子・K・メイナード. マルチジャンル談話論:間ジャンル性と意
味の創造[M]. 東京:くろしお出版, 2008.

泉子・K・メイナード. 話者の言語哲学:日本語文化を彩るバリエ
ーションとキャラクター[M]. 東京:くろしお出版, 2017.

上谷香陽. 性別概念と社会学的記述[J]. 文教大学国際学部紀要,
2009(1):1-14.

梅岡巳香, 庵功雄.「ために」と「ように」に関する一考察[J]. 一橋
大学留学生センター紀要, 2000(03):103-107.

江原由美子. ジェンダー秩序[M]. 東京:勁草書房, 2001.

大野俊(編). メディア文化と相互イメージの形成:日中韓の新たな
課題[M]. 福岡:九州大学出版会, 2010.

岡本芳和. 話法の伝達動詞と引用部の関係語用論的アプローチ[J].
語用論研究, 2000(2):65-67.

角岡賢一. 機能文法による日本語モダリティ研究[M]. 東京:くろ
しお出版, 2016.

鎌田修. 日本語の引用[M]. 東京:ひつじ書房, 2000.

国広哲弥.「呼称」の諸問題[J]. 日本語学, 1990(9):4-7.

顧那. 引用文の伝達部における視点と話法[J]. ことばの科学, 2005
(18):29-46.

小林のぞみ, 乾健太郎, 松本裕治等. 意見抽出のための評価表現の
収集[J]. 自然言語処理, 2005(3):203-222.

澤田治美. 視点と主観性—日英語助動詞の分析[M]. 東京:ひつじ
書房, 1993.

鈴木孝夫. 自称詞と対称詞の比較[J]. 日英語比較講座第5巻文化

と社会, 1982(5)：17-59.

孫成志.「中国人観光客」に関する新聞記事の計量的テキスト分析 [C]. 日語教育与日本語学研究, 上海：中華東理工大学出版会, 2018：264-270.

孫成志, 劉佳. 中日新聞記事における引用構文の対訳研究[C]. 日本言語文化研究, 延辺：延延辺大学出版社, 2018：267-276.

孫成志, 孫雨琦. 新聞記事における「話法」の日中比較研究[J]. 東アジア日本語教育・日本文化研究. 2019, 22：207-219.

孫成志, 張嘉鈺.「#MeToo」報道にみられる「加害者」と「被害者」の表象[J]. 比較メディア女性文化研究. 2020, 4：53-68.

卓南生. 日本のアジア報道とアジア論[M]. 東京：日本評論社, 2008.

龍城正明. ことばは生きている[M]. 東京：くろしお出版, 2006.

田中佑.「によると/によれば」による『引用』[J]. 文藝言語研究, 2017(72)：99-119.

樋口耕一. 社会調査のための計量テキスト分析：内容分析の継承と発展を目指して[M]. 京都：ナカニシヤ出版, 2014.

樋口耕一. 計量テキスト分析およびKH Coderの利用状況と展望[J]. 日本社会学会, 2017(3)：334-350.

樋口文彦. 形容詞の評価的意味[J]. ことばの科学, 2001 (10)：43-66.

坪井睦子. ボスニア紛争報道-メディアの表象と翻訳行為[M]. 東京：みすず書房, 2013.

友松悦子, 宮本淳, 和栗雅子. 改訂版どんなときどう使う日本語表現文型500[M]. 東京：株式会社アルク, 2010.

長岡さくら. 捕鯨問題の紛争解決に関する一考察[J]. 福岡工業大学環境科学研究所所報, 2009(3)：53-62.

名嶋義直. 特定秘密保護法に関する記者会見記事の批判的談話分

析：ミクロ面の分析を中心に[J]．文化，2015(3/4)：1-24．

名嶋義直，神田靖子．3．11 原発事故後の公共メディアの言説を考える[M]．東京：ひつじ書房，2015．

名嶋義直．安倍首相の戦後 70 年談話について-批判的談話分析の試み[J]．文化，2016(3)：362-338．

名嶋義直．批判的談話研究をはじめる[M]．東京：ひつじ書房，2018．

生田目学文，春川美土里．福島第一原子力発電所事故に関する新聞報道 8 年間の研究[J]．東北福祉大学研究紀，2020(44)：97-114．

成田徹男．接頭辞「お~」と接尾辞「~さん」をともなう語彙の意味用法の記述[J]．人間文化研究，2013(19)：109-120．

日本学生支援機構．2019(令和元)年度外国人留学生在籍状況調査結果［EB/OL］．https：//www．studyinjapan．go．jp/ja/statistics/zaiseki/index．html，［2020-10-1］．

日本言論 NPO．第 15 回日中共同世論調査(2019 年)［EB/OL］．http：//www．genron-npo．net/pdf/15th．pdf，［2020-04-03］．

日本語文法学会．日本文法事典[M]．東京：大修館書店，1994．

野呂香代子，山下仁．「正しさ」への問い：批判的社会言語学の試み[M]．東京：三元社，2009．

早川知江．日本語のモダリティ-「主観的」表現と「客観的」表現[J]．名古屋芸術大学研究紀要，2012(33)：285-301．

藤田保幸．国語引用構文の研究[M]．東京：和泉書院，2000．

溝上瑛梨．自由間接話法と語りのフレーム[J]．言語科学論集，2016(22)：107-127．

源淳子．「男尊女卑」考-近代日本における「男尊女卑」について[J]．関西大学人権問題研究室紀要，2015(70)：1-48．

八亀裕美．形容詞の評価的意味と形容詞分類[J]．阪大日本語研究別冊，2003(15)：13-40．

盧万才．日本語と中国語の呼称の待遇的機能［J］．ポリグロシア，
2009(17)：85-94.

中文

艾伦·贝尔，彼得·加勒特(编)，徐桂权(译)．媒介话语的进路(Approaches to Media Discourse, 1995)［M］．北京：中国人民大学出版
社，2015.

陈建平，尤泽顺．社会、文化、身份与话语建构——中国社会语言学新
探索［M］．北京：人民出版社，2017.

陈新仁．语用学视角下的身份与交际研究［M］．北京：高等教育出版
社，2013.

陈燕萍．社会文化因素影响下的语言［J］．北京大学学报(哲学社会科
学版)，1998(01)：3-5.

程慧荣，黄国彬，郑琳．非结构化文本分析软件比较研究——以 KH
Coder 和 Wordstat 为例［J］．图书与情报，2015(04)：110-117+122.

丁和根．大众传媒话语分析的理论、对象与方法［J］．新闻与传播研
究，2004(01)：37-42+95.

董佳佳．中国游客在日"爆买"消费热潮减退及原因探析［J］．商业经
济研究，2017(11)：32-34.

高金萍．"明镜"与"明灯"：中国主流媒体话语与社会变迁研究
(2003—2012)［M］．北京：中国人民大学出版社，2017.

高小丽．汉英报纸新闻语篇中转述形式的对比分析［J］．外语学刊，
2013(02)：64-70.

龚双萍，张韧．基于语料库的南海问题美国(去)合法化话语策略研究
［J］．外语研究，2018(01)：13-18.

何田田．国际法院"南大洋捕鲸"案评析［J］．国际法研究，2015(01)：
95-109.

胡澎．从"增长型社会"到"成熟型社会"：平成时代日本社会的转型、

困境与应对[J].日本学刊,2019(05):1-24.

黄敏.事实报道与话语倾向——新闻中引语的元语用学研究[J].新闻与传播研究,2008(02):10-16+93.

黄勤.批评性话语分析视角下的新闻翻译分析——以转述话语的翻译为例[J].外语与外语教学,2008(03):54-58.

纪卫宁.话语分析——批判学派的多维视角评析[J].外语学刊,2008(06):76-79.

贾彦德.汉语语义学[M].北京:北京大学出版社,1992.

赖彦.新闻标题的话语互文性解读——批评话语分析视角[J].四川外语学院学报,2009,25(S1):78-82.

赖彦.英汉新闻转述话语比较研究[M].北京:中国社会科学出版社,2016.

乐明.用语料库方法进行传媒话语分析[J].现代传播(中国传媒大学学报),2006(02):153-154.

李贵鑫.东亚文化特征下的"一带一路"新闻话语分析[J].外语学刊,2018(06):17-22.

李金凤.也谈转述言语与新闻语篇的对话性[J].北京第二外国语学院学报,2009,31(02):8-16.

李菁菁.话语历史分析法与挪威国家形象构建——以挪威首相第70届和第71届联大演讲为例[J].外国语文,2017(03):61-66.

李静波,金立鑫.时间词标志的编码共性[J].外国语(上海外国语大学学报),2016(02):21-29.

李曙光.语篇对话性与英语书面新闻语篇分析[J].外语学刊,2007(06):109-114.

李希光."妖魔化"中国的背后——美国传媒是如何讲政治的[J].国际新闻界,1996(05):5-10+17.

李彦铭.小泉内阁时期日本经济界的对华认知及其特点——从"中国威胁论"到"中国特需论"[J].社会科学,2015(10):3-12.

李玉平. 互文性定义探析[J]. 文学与文化, 2012(04): 16-22.

林予婷, 苗兴伟. 战争合法化的话语策略——美国总统阿富汗战争演讲的批评话语分析[J]. 外语与外语教学, 2016(05): 59-68+145-146.

刘林利. 日本大众媒体中的中国形象[M]. 北京: 中国传媒大学出版社, 2007.

刘明, 常晨光. 语料库辅助话语研究的缘起、特征及应用[J]. 福建师范大学学报(哲学社会科学版), 2018(01): 90-96.

刘文宇, 李珂. 报刊和微博中老年人身份建构差异研究[J]. 外语与外语教学, 2017(06): 71-80+147.

刘文宇, 徐博书. 从"伙伴"到"对手"——《美国国家安全战略报告》的话语空间分析[J]. 外语研究, 2018(06): 8-15+52.

刘文宇, 胡颖. 从情境到语境: 特朗普政府《贸易政策议程》的批评认知分析[J]. 外国语文, 2020(01): 9-18.

刘文宇, 胡颖. 批评话语研究的语境-指称空间模型[J]. 现代外语, 2020(01): 25-36.

刘晓峰. "平成日本学"论[J]. 日本学刊, 2015(02): 1-23.

刘尧飞, 沈杰, 张薇. 经济学视域下中国游客海外"爆买"现象分析[J]. 技术经济与管理研究, 2018(02): 100-104.

柳玲. 日本推动恢复商业捕鲸的玄机[J]. 生态经济, 2018(11): 2-5.

鲁思·本尼迪克特. 菊与刀[M]. 吕万和(译). 北京: 商务印书馆, 2007.

马景秀. 新闻话语直接引语的"修辞—评价"机制[J]. 外语教学理论与实践, 2008(04): 77-81.

诺曼·费尔克拉夫(著), 殷晓蓉(译). Discourse and Social Change(话语与社会变迁)[M]. 北京: 华夏出版社, 2003.

潘峰, 黑黟. 新闻发布会汉英口译中的政府形象构建——以人称代词we的搭配词为例[J]. 外语与外语教学, 2017(05): 45-51+72

+148.

庞中鹏．日本"退群"：仅仅为了捕鲸吗[J]．世界知识，2019（02）：
　　22-23．

濮建忠．语料库与语言一元化研究[J]．解放军外国语学院学报，2010
　　（02）：41-44+127．

钱毓芳．语料库与批判话语分析[J]．外语教学与研究，2010（03）：
　　198-202+241．

邱书钦．中国游客海外"爆买清单"及其背后原因分析[J]．对外经贸
　　实务，2016（07）：35-38．

沈继荣．事件消息中的言语转述：客观与主观[J]．当代修辞学，2012
　　（03）：33-39．

苏国勋．社会学与社会建构论[J]．国外社会科学，2002（01）：4-13．

孙成志，柳瑞松．日本"捕鲸问题"的话语——历史分析[J]．东北亚外
　　语研究，2020（01）：109-115．

孙成志．日本新闻媒体中"爆买"现象的话语建构[J]．日本研究，2020
　　（02）：89-96．

孙成志，基于语料库的汉日新闻语篇转述话语对比研究——以"英国
　　脱欧"为例[C]．日语教育与日本学，上海：华东理工大学出版社，
　　2021，16：1-11．

孙成志，高欢．日本主流媒体中"中国留学生"集体身份的话语建构
　　[J]．外语与外语教学，2021．

孙成志，张嘉钰．日本主流媒体中能源话语的指称空间分析——以重
　　启核电社论为例[J]．外语研究，2021．

孙咏梅．研究生导师组集体身份的话语建构研究——以导师组"我
　　们"的使用为例[J]．外语与外语教学，2013（06）：11-14．

汪徽，张辉．批评认知语言学的研究路径——兼评 van Dijk 的《话语
　　与语境》和《社会与话语》[J]．外语研究，2014（03）：13-19．

王沛，吴薇，谈晨皓．社会支配倾向研究的回顾与展望[J]．心理科

学，2017(04)：992-996.

王晓峰，王桂敏．日本重启核电之路带来哪些启示？[N]．中国环境报，2019-03-19.

卫乃兴．语义韵研究的一般方法[J]．外语教学与研究，2002(04)：300-307.

吴光辉．日本的中国形象[M]．北京：人民出版社，2013.

吴志远．寻找"中间领域"——反思"MeToo"运动中的"他者化"情感政治[J]．新闻界，2019(03)：51-61.

武建国．篇际互文性的运行机制探析[J]．中国外语，2012(04)：40-44+50.

武建国．批评性话语分析：争议与讨论[J]．外语学刊，2015(02)：76-81.

武建国，牛振俊．趋近化理论视域下的政治话语合法化分析——以特朗普的移民政策为例[J]．中国外语，2018(06)：48-53.

辛斌．新闻语篇转述引语的批评性分析[J]．外语教学与研究，1998(02)：3-5.

辛斌．转述言语与新闻语篇的对话性[J]．外国语(上海外国语大学学报)，2007(04)：36-42.

辛斌．批评话语分析：批评与反思[J]．外语学刊，2008(06)：63-70.

辛斌．汉英新闻语篇中转述动词的比较分析——以《中国日报》和《纽约时报》为例[J]．四川外语学院学报，2008(05)：61-65.

辛斌，赖彦．语篇互文性分析的理论与方法[J]．当代修辞学，2010(03)：32-39.

辛斌，刘辰．van Dijk的社会——认知话语分析[J]．外语学刊，2017(05)：14-19.

辛斌，高小丽．汉英报纸新闻中转述言语的语篇和语用功能比较研究[M]．上海：上海外语教育出版社，2018.

徐国辉．基于功能语言学评价理论的新闻报道对比分析[J]．北京教育学院学报，2010(6)：48-51.

徐琳宏，林鸿飞，赵晶．情感语料库的构建和分析[J]．中文信息学报，2008(01)：116-122.

许家金．语料库与话语研究[M]．北京：外语教学与研究出版社，2018.

杨敏，符小丽．基于语料库的"历史语篇分析"(DHA)的过程与价值——以美国主流媒体对希拉里邮件门的话语建构为例[J]．外国语(上海外国语大学学报)，2018(02)：77-85.

杨漪漪，柴红梅．战后70周年"安倍谈话"的话语实践[J]．东北亚外语研究，2018(03)：35-43.

翟东娜．日语语言学[M]．北京：高等教育出版社，2006.

张辉，江龙．试论认知语言学与批评话语分析的融合[J]．外语学刊，2008(05)：12-19.

张辉，颜冰．政治冲突话语的批评认知语言学研究——基于叙利亚战争话语的个案研究[J]．外语与外语教学，2019(04)：14-27+146.

张辉，杨艳琴．批评认知语言学——理论基础与研究现状[J]．外语教学，2019(03)：1-11.

张辉，张艳敏．批评认知语言学：理论源流、认知基础与研究方法[J]．现代外语，2020(04)：1-13.

张宁．日本媒体上的中国：报道框架与国家形象[M]．吉林：吉林人民出版社，2006.

张天伟．政治领导人演讲的话语体系构建研究——基于近体化理论的案例分析[J]．中国外语，2016(05)：28-35.

张玉．日本报纸中的中国形象——以《朝日新闻》和《读卖新闻》为例[M]．北京：中国传媒大学出版社，2012.

张玉来．平成时代(1989-2019)日本衰退的虚与实[M]．天津：天津人民出版社，2019.

赵婷，李新．一个"海外人群"的群体再现与文化身份的建构——当代美国媒体对"留美学生"新闻报道的话语分析[J]. 国际关系学院学报, 2008(01): 73-77.

赵文庆. 被弱者化的受害者——国内网络媒体对中国留学生的媒介形象建构[J]. 新闻研究导刊, 2017(08): 55-56.

赵秀凤. 能源话语研究的体系与范畴[J]. 天津外国语大学学报, 2018(03): 63-77.

周暄明. 日本捕鲸"文化"的现象与本质——从《海豚湾》谈起[J]. 日本学刊, 2011(02): 126-139.